O APRENDIZ QUE SE TORNOU LÍDER

ALEX ARCANJO

O APRENDIZ QUE SE TORNOU LÍDER

ALEX ARCANJO

êxito editorial

À minha família.

Publisher: Heloisa Belluzzo
Direção de arte: Dalton Flemming

Capa: André Bets
Revisão: Ana Lúcia G. Neiva
Realização: Êxito Editoral

Dados Internacionais de Catalogação na Publicação (CIP)
(Câmara Brasileira do Livro, SP, Brasil)

Arcanjo, Alex
O aprendiz que se tornou líder / Alex Arcanjo. --
São Paulo : Êxito, 2015.

ISBN 978-85-63341-06-8

1. Liderança 2. Liderança - Aspectos morais e éticos
3. Motivação 4. Sucesso em negócios
I. Título.

15-07263 CDD-658.4092

Índices para catálogo sistemático:
1. Liderança : Administração 658.4092

Edição em conformidade com o acordo ortográfico da língua portuguesa.

Rua Fernão Cardim, 388 - Cj. 51
Jardins - CEP 01403-020 - São Paulo, SP
Tel.: (11) 2386-0409
E-mail: exito@exitoeditorial.com.br
Site: www.exitoeditorial.com.br

AGRADECIMENTOS

Líderes não colocam motivação nas pessoas, mas destampam as motivações que já existem dentro de cada uma. Sou imensamente grato a todos os líderes e amigos que me influenciaram e despertaram o desejo de seguir o caminho de meus sonhos, mas ressalto o apoio de Luciano Meira, que é um verdadeiro mestre nos conceitos de desenvolvimento do potencial humano; a generosidade de meu amigo e mentor Carlos Wizard Martins, cuja influência incutiu em mim o desejo de ser empreendedor e trilhar carreira solo; a bondade de Flávio Cooper, por suas instruções sobre fazer o certo da maneira certa; e as orientações do amigo Conrado Navarro, que constantemente tem me auxiliado a tomar decisões mais adequadas.

Considero-me altamente favorecido pelos pais que tenho. O que sou hoje devo a eles. E este livro é mais uma expressão de gratidão que tenho por sua dedicação a mim.

De vez em sempre eu era interrompido pelos meus filhos enquanto escrevia esta obra. Como sou grato pela presença e pelo amor deles. Eles extraem o melhor de mim e me lembram que preciso ser sempre minha melhor versão a cada instante.

Eu consegui tempo para escrever porque minha esposa Cláudia estava cuidando de outros fatores fundamentais da nossa vida familiar. Muito obrigado pelo seu apoio, querida.

Agradeço a Deus pelas incontáveis bênçãos que tenho recebido. Sem essas bênçãos não haveria livro.

SUMÁRIO

PREFÁCIO

por Luciano Alves Meira
Vice-presidente da FranklinCovey Brasil e palestrante

Quando recebi o convite de Alex Arcanjo para prefaciar o seu primeiro livro, fiquei chocado! *Mas ele é tão jovem!* — pensei com os meus botões. Logo me pus a resgatar as memórias de nossa convivência, alguns anos antes, quando ele foi meu aluno em um MBA de Liderança e Gestão Organizacional, ministrado pela FranklinCovey Brasil. Lembrei-me daquela energia empreendedora que nele aparecia na forma de "brilhos nos olhos", aqueles brilhos aos quais chamamos sonho e futuro. Mas daí a escrever um livro sobre Liderança... Confesso que tive dúvidas, pois requer conhecimento, experiência e domínio de certa linguagem com a qual se possa apresentar ideias autênticas. Estaria ele pronto para esse tipo de empreitada? No fundo, percebo agora, minhas dúvidas radicavam na minha ignorância. Eu ainda não conhecia bem a alma madura e as muitas habilidades desse jovem empreendedor pensante.

Pedi-lhe que me enviasse os originais para avaliá-los. Desde as primeiras páginas, notei que estava diante de um texto simples e envolvente, contendo uma sequência de enigmas inteligentes que sempre se desdobravam em lições de grande utilidade para os que estão começando a desafiante e espinhosa jornada da liderança. As lições dadas pelos diversos mentores — umas mais profundas, outras mais práticas — vão conduzindo o aprendiz a se tornar mestre de si mesmo, consciente de sua responsabilidade e de suas possibilidades, e finalmente senhor de competências essenciais sem as quais a liderança não pode prosperar nos tumultuados cenários das organizações contemporâneas. O livro tem um sabor de jogo. Flui como se entrássemos na pele do jovem aprendiz e precisássemos atravessar com ele um espesso labirinto. A linguagem é, portanto, muito adequada ao público a que se destina.

O melhor de tudo foi encontrar na obra, em forma original, ideias que são muito estimadas por nós. Por exemplo: a consciência aguda de que não se deve liderar como quem usa as pessoas para o atingimento de objetivos egocêntricos do capital. O Líder sequer lidera de fato se e quando procura usar seus colaboradores como objetos da equação organizacional. Ninguém sai impune dessa experiência objetificadora. Liderar é, acima de tudo, ajudar as pessoas a tornarem-se protagonistas dos projetos executados pelas equipes que integram. E mais: em última análise, ajudá-las a encontrar a sua "voz" interior, aquela voz que as conduzirá à realização pessoal ampla e profunda. Ao entender essa filosofia e colocá-la na base de suas reflexões, muito além que se prender a um conjunto de técnicas frias, penso que Alex Arcanjo presta uma grande contribuição aos seus leitores e dá um passo decisivo para cumprir no mundo a própria missão.

"Se você quiser mudar a maneira de pensar das pessoas, desista.
Não se pode mudar o pensamento de ninguém.
Em vez disso, dê-lhes uma ferramenta cujo uso as leve,
aos poucos, a pensar de maneira diferente."

(BUCKMINSTER FULLER – INVENTOR[1])

[1] Fonte: prefácio de Peter Senge no Livro *Metamanagement*.

CAPÍTULO 1

O MENTOR DA PERCEPÇÃO

SONHO OU REALIDADE?

Já era tarde da noite quando Cláudio, sozinho em um quarto emprestado, mal iluminado, úmido e repleto de livros, propôs-se a deitar. Sem sono, começou a refletir o que em sua vida podia mudar. Se por um lado sentia-se preso às circunstâncias, por outro, seu interior clamava por mudanças. Disse a si mesmo:

— *A partir de hoje me proponho, seja qual for minha realidade, a buscar meu sonho.*

Sua convicção foi tamanha e capaz de trazer-lhe mansidão e paz.

Repentinamente, ao seu lado, apareceu um homem sentado. Cláudio se assusta, quase cai da cama e logo pergunta:

— Quem é você? Como chegou aqui?

— Meu nome é Francisco Keller e foi você quem me chamou.

— Isso só pode ser um sonho, não pode ser realidade! Eu nem lhe dei minha chave!

— Eu não preciso de chave para entrar. Eu sou a chave e por isso cá estou. Serei o primeiro de muitos que irão auxiliar você em sua trajetória para transformar seus sonhos em realidade.

— Como assim?!

— Vamos começar por você, Cláudio. Todos querem transformar sonhos em realidade, mas poucos querem transformar a si mesmos. Sua convicção de mudança me trouxe para este lugar e quero lhe dizer que um dos problemas é tentar mudar a maneira das pessoas pensarem. Meu objetivo não é fazer com que você pense o que eu penso, mas que você queira descobrir por si mesmo outras maneiras de pensar e, por fim, descobrir maneiras distintas de mudar. Compreende?

Cláudio se endireitou na cama e pensou:

— Filosofia a essa altura da madrugada? Eu devo ter pirado mesmo!

Francisco estendeu a mão e tocou levemente nos ombros de Cláudio a fim de conscientizá-lo de que precisava se concentrar mais. Então compartilhou uma história para representar sua teoria.

— Certa vez, cheguei exausto em casa. Meus filhos haviam espalhado seus brinquedos por toda a casa. Aparentemente já haviam parado de brincar e meu mais velho de seis anos estava assistindo à TV. Pensei comigo: *Lá vou eu brigar com ele para fazer aquilo que ele já sabe que tem que fazer*. Todavia, sentei-me e ponderei em uma ferramenta para ajudá-lo de modo que ele mesmo pudesse ter a consciência de que devia guardar. Naturalmente meu desejo inicial era mudar a maneira de fazê-lo pensar apenas falando, mas havia aprendido que para conseguir colaborar de modo eficaz precisaria de uma experiência, um recurso, para que ele tivesse outras percepções. Então...

— E o que você fez? — interrompeu o ansioso jovem.

— Tive de usar a imaginação e encontrar uma solução. Vale lembrar, Cláudio, que o segredo para ajudar as pessoas está ligado mais à imaginação do que ao conhecimento. Então decidi conversar com meu filho. Eu queria tratá-lo como um indivíduo que tinha responsabilidade. Observe o significado da palavra responsabilidade: habilidade de responder. Até aquele presente momento eu era apenas um chefe de família, um ditador. Eu queria mudanças e reconheci que o primeiro a necessitar de transformação era eu mesmo. Então criei o seguinte diálogo com ele:

— Filho, você vai continuar brincando com seus brinquedos?

— Não, eu já terminei.

— Fale-me um pouco mais sobre sua diversão, o que fez de legal?

— Muitas coisas. O Homem Aranha deu uma voadora no Homem de Ferro... Huuum... foi legal.

— E você pretende continuar brincando?

— Não.

— Em sua opinião, visto que não vai brincar mais, o que deveria ser feito com os brinquedos?

Ele pensou, pensou, pensou, sua feição variava à medida que

tentava encontrar alguma solução até se manifestar:

— Guardar, pai? — respondeu ele em tom de desgosto e reprovação.

— Isso mesmo, filho, mas pelo tom de sua voz e expressão você não quer fazer isso, certo?

— É. Não quero. É muito chato!

Francisco continua sua explanação:

— Este é o ponto onde é necessário encontrar uma ferramenta para ajudar as pessoas com seus modelos mentais. Eu tinha uma pergunta difícil de ser respondida. Como ajudar meu filho a perceber que guardar brinquedo pode ser divertido? Naturalmente meu filho não queria guardar o brinquedo porque na percepção dele era algo muito chato. Observe que "sem diversão" e "com diversão" são apenas percepções e não a expressão de um fato. Portanto, resolvi usar a imaginação e criei outro cenário para que ele agisse e, por si mesmo, chegasse à outra conclusão sobre o assunto "guardar brinquedo". Fui até o quarto, peguei uma caixa onde costumava guardar os brinquedos e coloquei na extremidade da sala. Olhei para ele e disse:

— Preste atenção, filho! Abaixei, peguei um carrinho e lancei em direção à caixa. Acertei em cheio!

Seu olhar de desafio era claro e nítido. Então o convidei para uma competição. Ele disse:

— Eu vou ganhar, pai!

Ele começou a guardar sorrindo, pulando, competindo e se divertindo comigo. Quando terminamos, batemos nossas mãos no ar dizendo "Yes" e tive o prazer de parabenizá-lo e dizer:

— Até que guardar brinquedo pode ser divertido, não acha?

— É — respondeu ele, serenamente.

Cláudio levantou-se, pegou um copo de água da torneira e bebeu numa só golada. Voltou-se para seu ilustre visitante e disse:

— A história é até bacana, mas nem todo mundo tem sua experiência e conhecimento para agir de forma criativa e perspicaz, criando esse cenário todo. Quero dizer que parece ser muito mais fácil para pessoas como você chegar a essas conclusões.

— E, se eu dissesse que uma criança de dois anos, sem muito conhecimento e pouquíssima experiência, tenha usado uma ferramenta semelhante para ajudar seu pai a pensar diferente?

— E você vai dizer que foi seu outro filho que o ajudou a ter uma nova perspectiva?

— Isso mesmo! Na verdade, filha.

Cláudio estava mais atento depois de tomar água. Entretanto, ainda continuava sedento, mas de instrução. Disse:

— Conte-me, quero aprender com a sua filha agora. Se ela pode, então eu também posso.

— Era um dia semelhante ao de hoje, eu havia colocado minha pequenina para dormir no seu quarto e fui para o meu. Deitei, peguei um livro e comecei a ler. Passaram-se cinco minutos e escutei os passinhos chegando. Olhei para o meu lado e lá estava ela com a intenção de ficar em nossa cama, com sorriso no rosto, se dirigindo a mim:

— Bom dia, pai! — disse ela em tom de alvorada com olhar ensolarado.

— Reconheci o empenho dela e, sinceramente, quase me derreti, mas fui firme e disse para voltar para cama. Ela abaixou a cabeça e foi. Passaram-se outros cinco minutos, e lá vem ela novamente, mas dessa vez com um cobertor na cabeça. Olhei para o lado e ela disse:

— Achou, pai! — gritou ela, em tom de pique-esconde.

— Reforcei que ela deveria ir para cama. E ela foi. Passaram-se cinco minutos e novamente ouvi seus pequenos passos. Olhei ao meu lado e ela disse:

— Dodói qui, papai! Dodói qui! — apontando para as costas.

Eu, com medo que fosse algum inseto, coloquei ela na cama e comecei a procurar. Nada encontrei. Então percebi que era apenas uma ferramenta de minha pequenina para me ajudar a mudar de ideia e desfrutar mais um pouco de sua companhia. Ri comigo mesmo ao perceber sua criatividade. Naquela noite ela me ensinou muito.

Cláudio estava entusiasmado com a simplicidade da instrução em problemas do dia a dia que para muitos soam como complexos. Afinal, educar os filhos não é uma tarefa fácil, bem como não é treinar pessoas. Em sua mente pairava a questão que logo entregou ao visitante:

— Como aprender isso tudo que acabei de ouvir?

— Basta seguir a regra do caratê. Para se tornar um mestre nas artes marciais não se trata de treinar milhares de golpes algumas vezes, mas treinar poucos golpes milhares de vezes.

— Entendi, é o que ocorre nas orquestras musicais. Elas ficam treinando 99% do tempo e executando 1%. É isso?

— Exatamente! Trabalhar com mais inteligência e menos força. Lembre-se que tudo deve partir de sua imaginação associada ao conhecimento. Que tal começar a praticar amanhã? Lembre-se que saber e não fazer é simplesmente outra maneira de dizer que você não sabe.

— Mas você vai me ajudar na minha carreira, não vai? Acabei de começar. Podia aparecer para dar uma dica! Tenho passado por tantas dificuldades que acho que não vou conseguir.

— Cláudio, você ainda tem em mente o pronome VOCÊ. Você tem conhecimento, você tem experiência, você tem recursos, você tem casa, você tem carro, você, você, você... Não se deu conta que até o momento só falamos de SER e não em TER?

— É verdade, parece que não consigo pensar em outra coisa a não ser nas minhas limitações.

— Você ainda é uma pessoa reativa, mas por enquanto mantenha seu foco em aprender o conceito que estabelecemos. Combinado?

— Combinado!

— Esse é o primeiro passo para transformar seu sonho em realidade. Você entende, aplica várias vezes e por isso aprende.

Quanto mais pratico em particular,
mais talentoso me torno em público.
(MÚSICO DESCONHECIDO[2])

Descobrir consiste em olhar
para o que todo mundo está vendo
e pensar uma coisa diferente.
(ALBERT SZENT-GYIRGYI[3])

---

[2] Citado no prólogo do livro *Metamanagement*.
[3] Prêmio Nobel de Medicina.

CAPÍTULO 2

O MENTOR DA CRIATIVIDADE

TENTE OUTRA COISA

Ao ouvir a última palavra, Cláudio foi interrompido pelo despertador. Já eram 5h30 e precisava se preparar para começar o dia. Teria sido um sonho, visão ou maluquice? Fosse o que fosse, estava disposto a fazer o que fora pedido. Ele era estagiário de uma indústria automotiva e perguntava-se o que fazer para aprender o conceito de ajudar as pessoas a ter novas percepções por meio de ferramentas criadas e não preestabelecidas.

Passou a manhã toda pensando no que poderia fazer para ajudar, mas sentia-se enferrujado, enrijecido, paralisado pela falta de criatividade. As palavras de Francisco Keller, seu primeiro mentor, ecoavam dentro dele, mas era um dia daqueles, cheio de rotinas administrativas que são importantes na vida de um estagiário e precisavam ser bem executadas. O dia passou e as oportunidades de criar em seu trabalho também. Depois da faculdade, Cláudio foi para casa, tomou um banho, colocou seu pijama, preparou um macarrão instantâneo e um suco. Ergueu-se para pegar um copo, fechou o armário e, quando se virou, encontrou um homem sentado em sua cadeira. Tomou outro susto daqueles!

— Quem é você?

— Sou amigo de Francisco Keller. Creio que ele falou que provavelmente eu viria. Meu nome é Ronald Valério Oliveira. Muito prazer!

— Você é real?

— Isso agora não importa, Cláudio. Fale-me sobre o dia de hoje.

— Foi um fracasso! Fiquei estagnado. Foi um dia comum e de certa forma frustrante. Você aceita jantar?

— Não, obrigado! Mas vou aceitar o suco. Permita-me servir.

Ronald pegou dois copos e começou a enchê-los lentamente na frente de seu anfitrião. Propositadamente, continuou a encher até derramar. Cláudio o interrompeu:

— Ei! Olha o que está fazendo! Preste um pouco mais de atenção!

— Presta atenção digo eu! Estou aqui para lembrar você que, a menos que esvazie um pouco sua mente, não haverá maneira de preenchê-la com novas possibilidades. Na sua cabeça parece existir uma placa contendo a seguinte frase: EXISTE A MANEIRA CERTA DE FAZER ALGO! E naturalmente você fica frustrado porque nunca a encontra. Parece que você deseja preencher a cabeça com procedimentos prontos, sendo "a" forma certa de fazer as coisas. Se você está estudando para aprender "a" maneira certa, devo então dizer que você está recebendo "uma" maneira de se fazer algo, e você é responsável por encontrar outras. Creio ser essa a diferença entre pessoas formadas e informadas ao sair da universidade.

— Você disse algo real. Sinto-me preso nessa metodologia de aprendizado. Parece que tenho de responder o que os professores querem.

Ronald aproximou-se do estudante, tirou uma caneta do bolso e tocou na cabeça dele dizendo:

— Agora que você reconhece que precisa esvaziar a caixola, que tal recomeçarmos com um "TOC na Cuca[4]"? Pode me trazer uma folha de seu caderno?

Jantar terminado. Limparam a mesa e Cláudio providenciou uma folha. Ronald propôs um desafio ao aprendiz:

— Observe as cinco figuras e selecione a que for diferente de todas as outras. Entendido?

[4] Exercício retirado do Livro "Um Toc Na Cuca", pág. 32.

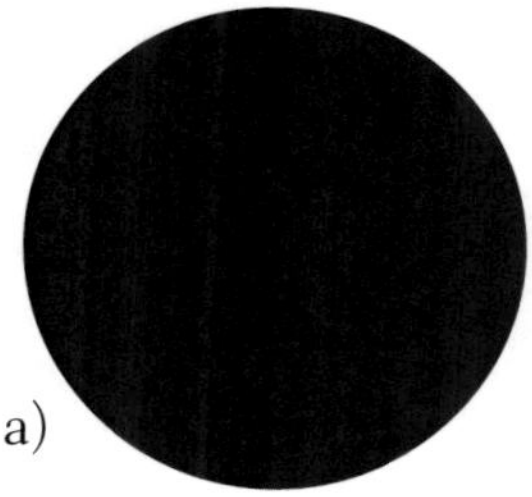

a)

b)

c)

d)

e)

Neste momento Cláudio sentiu-se confiante. Moleza! Pensou ele. Em uma pequena fração de segundos circulou, com convicção, a letra B. E confirmou:

—Ahá! Essa eu acertei. Apenas a letra B tem todas as suas linhas retas!

— Percepção rápida, Cláudio! Parabéns! Você está certo! — Ronald o cumprimentou com um forte aperto de mão e um tapinha na cabeça, mas completou: — E o que achou da figura C? Ela não é a única assimétrica?

— É verdade.

— O que me diz da letra A?

— Não tem nenhum ponto de dobramento.

— E a letra D?

— Ela tem uma linha reta e uma linha curva,
seria isso?

— Você é quem me diz, existe alguma igual a ela neste contexto?

— Não. Deixe-me tentar a letra E antes de me perguntar. Parece ser um triângulo não euclidiano. Lembro-me dessa forma geométrica enquanto me preparava para o vestibular. Acertei?

— O que você entendeu disso tudo?

— Que na verdade todas as figuras do teste são diferentes entre si. Depende da forma como as vejo.

— Exato!

— Tenho a impressão que esse tipo de conceito não é muito estimulado em minha faculdade. Parece que o sistema educacional tem por objetivo ensinar para as pessoas uma única resposta certa.

— Um jovem recém-graduado faz mais de 2.600 testes, provas, exames parecidos com esses e são lançados no mercado. Quando começa a trabalhar, depara-se com uma atmosfera totalmente distinta. Daí você entra em um mercado em que você é treinado para fazer algo que ficará obsoleto em pouco tempo, sendo talvez meses, semanas ou até dias dependendo do assunto.

—Acho que está querendo me dizer que as mudanças são muito rápidas e preciso trabalhar minha "cuca" e dar foco para criatividade. Mas o que quer dizer "TOC"? Seria uma inspiração, revelação ou estímulo?

— Pode ser, mas não é apenas isso. Do contrário, poderíamos justificar que a falta de criatividade acontece por fatores externos. TOC, a meu ver, é simplesmente TENTAR OUTRA COISA. Nada de fazer igual. Se surgir uma ideia, "a certa", busque uma segunda, uma terceira ou até uma quarta ideia. Lembre-se:

Nada é mais perigoso do que uma ideia
quando ela é a única que você tem.
(EMILE CHARTIER[5])

Cláudio percebera que até aquele momento só tinha uma ideia. Desejava transformar sonhos em realidade. Havia aprendido a importância de ter outras percepções no primeiro encontro. Então inquiriu Ronald:

— Dê uma sugestão mais clara para eu começar a criar. É possível?

— Realmente você ainda é bem dependente. Nesse grau de maturidade em que se encontra é natural querer saber "a" resposta de cara. Saber "O QUE" deve ser feito. Você se comporta como se a resposta imediata fosse a solução. Poderíamos comparar sua maturidade a de um bebê que é totalmente dependente da mãe.

— Agora você já está me ofendendo. Quer saber?! Vou dormir, chega desse papo!

— A reatividade floresce de você. Devo ressaltar que nesse grau você é facilmente manipulado.

— Eu?! Há, há, há... Ninguém me manipula, meu amigo. Sou uma pessoa livre!

— Talvez não exista ninguém lhe manipulando diretamente, claro, mas as circunstâncias, sim. Atualmente você está dependente, e nosso papel é ajudar você a progredir para outros patamares.

— Esse negócio de amadurecer é coisa para tiozão! Eu quero apenas estudar, trabalhar e ganhar um bom dinheiro para realizar meus sonhos, só isso! Você parece complicar tudo. Para mim chega! Boa-noite!

Ronald começou a cantar músicas de ninar. De forma proposital

[5] Filosofo francês.

implicava com Cláudio, que naturalmente ficou furioso com seu travesseiro cobrindo a cabeça.

— Chega! — disse o irado rapaz.

— Irei parar se você olhar atentamente para as fotos que vou lhe mostrar.

— Mais um teste sobre criatividade?

— Não. Apenas olhe e me diga o que vê.

Ronald havia retirado cinco fotos do bolso e mostrado a primeira. Tratava-se de uma plantação de bambus chineses que logo foi amassada pelo aprendiz. O universitário interrompeu:

— Plantação de bambus? Você tirou a noite para me chatear?

— Não há problemas em amassar, é somente uma foto, o que importa é o que você viu.

— Eu?! Nada! Vi terra, só isso!

—Aquela foto foi tirada depois de um ano em que foram plantados bambus chineses. Vou lhe apresentar as outras quatro fotos tiradas nos anos subsequentes e quero que me diga o que vê. Daí, prometo deixá-lo dormir.

— Vejo somente terra. Parece haver pequeninos brotos no chão, nada mais.

— Por cinco anos, o trabalho ocorre abaixo da terra. Nada mais do que o entrelaçamento das raízes. Daí, no quinto ano, em média, o bambu começa a crescer até seus vinte metros.

— Parece valer a pena para o bambu, mas não parece o mesmo com pessoas. Essa coisa toda de percepção e criatividade me esgota. Tem de ter muita paciência! Eu jamais plantaria bambu!

— Isso mesmo! E persistência. São esses dois dons atribuídos que, assim como o bambu chinês, proporcionam flexibilidade e fibra para continuar e crescer de forma satisfatória. Essa é uma fonte de força verdadeira. Você conhece alguém que consiga arrancar um bambu pela raiz?

— Sem chance! Não dá.

— Correto! Francisco e eu viemos visitá-lo para trabalhar nas raízes, pois sabemos que se nutridas corretamente gerarão muitas flores, frutos e sementes. Para encerrar a noite, gostaria de compartilhar uma experiência de natureza pessoal.

— O.k. Estou ouvindo!

— Quando eu era mais jovem, resolvi abandonar a carreira técnica e empreender num sonho pessoal. Houve uma noite em que a aflição parecia me engolir. Sentia-me tragado, sem criatividade. Eu estava tenso e irritado. Extremamente reativo, do tipo "bateu, levou".

— Esse cenário parece-me familiar — suspirou Cláudio.

— De repente meu filho de sete anos entrou solicitando atenção. Fiquei tão bravo com ele que peguei a folha de um calendário onde havia o mapa da cidade, rasquei em vários pedaços, pedi para ele sair de minha presença e se ocupar montando aquele mapa rasgado como se fosse um quebra-cabeças para me dar sossego. Foi uma maneira menos bruta de me livrar dele devido às minhas preocupações.

— Porém — continuou Ronald —, alguns instantes depois, para minha surpresa, ele apareceu com o mapa montado corretamente. Adulto nenhum conseguiria fazer tão rápido. Impressionado com o garoto, questionei:

— Filho, como é que você conseguiu montar tão rápido? O mapa da cidade é tão difícil. Mamãe ajudou?

— Não, papai. Eu desenhei você, a mamãe e eu atrás do mapa antes de você chegar. Eu segui o desenho de nossa família e não o do mapa da cidade.

— Aquilo foi um TOC na cuca para mim. Em minha mente veio o seguinte:

Não se preocupe com o mundo ou com a cidade, mas com as pessoas. Quaisquer quebra-cabeças são desvendados quando o foco está nas pessoas.

Cláudio abaixou a cabeça e lágrimas surgiram. Disfarçou os sentimentos e compartilhou:

— Entendi o ponto, Ronald. Você e Francisco, seja lá o que ou quem são, estão acreditando em mim. Veem algo que eu mesmo ainda não vejo. Estão usando persistência e paciência para ajudar-me a fortalecer a raiz e a me desenvolver. Fico grato e lamento pelo comportamento inadequado.

— Todos temos dificuldade para lidar com nossos problemas

internos. Meu propósito hoje era lhe dar um TOC, meu caro. No próximo encontro você conhecerá outro amigo e vocês deliberarão mais sobre o seu PROBLEMA.

CAPÍTULO 3

O MENTOR DA SIMPLICIDADE

O PROBLEMA É PONTE

Os dias se passavam e Cláudio parecia estar com a mente borbulhando. Todas aquelas instruções pareciam ajudar, mas ao mesmo tempo atrapalhavam. Ele sentia que havia algo diferente em suas percepções, mas não o suficiente para resolver o problema: transformar seu sonho em realidade.

Chegou mais cedo da universidade e queria descansar. Todavia, quando abriu a porta, viu um homem vestido com uniforme de jogador de futebol plantando bananeira sobre a mesinha de centro, um dos poucos móveis que havia no recinto. E logo o jovem questionou:

— Ah! Não acredito! Seja lá quem for você, hoje estou muito cansado e não tenho energia para conversar.

— Meu nome é Mário Coelho e estou aqui para ajudá-lo com seus problemas.

— Ótimo, comece pagando minhas contas!

— Apenas responda a pergunta corretamente e eu pago.

— Manda!

— O problema é algo de natureza interna ou externa?

— Externa! Pode me passar a grana!

— Errou!

— Prove! Minha conta bancária é externa, e estou devendo lá. Não está dentro de mim. Passe-me a grana!

Então, seu mentor lentamente foi colocando a mão no bolso. Cláudio teve as pupilas dilatadas e o coração acelerado. Pensou ele:

— Finalmente um benefício e tanto!

Para a surpresa do estudante, Mário tirou um cartão de visita onde estava descrito bem grande a palavra: PROBLEMA. E desafiou seu anfitrião:

— Eu gostaria que você fizesse um furo neste cartão de visita de cinco centímetros por nove centímetros de tal modo que fosse possível passar uma caneta por dentro.

— Daí você paga minha conta?

— Ainda não! Deixe-me lhe conceder a definição de furo: espaço vazio irregular circundado por papel constante.

Cláudio puxou o cartão das mãos de seu visitante, abriu uma gaveta, pegou uma tesoura e começou a fazer o buraco.

— Bingo! Veja!

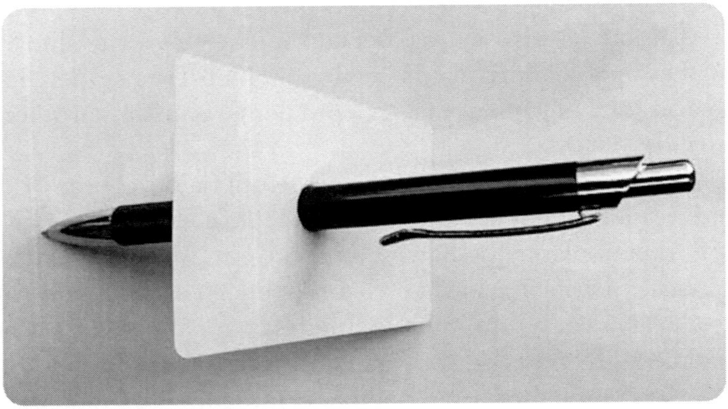

— O que achou deste problema? — perguntou Mário.

— *A piece of cake!* Mamão com açúcar! Nem deveria chamar de problema.

— O.k.! Vamos tentar diferente! Quero que faça um furo neste outro cartão de mesmo tamanho seguindo os mesmos critérios. No entanto, em vez de passar uma caneta, quero que passe essa bola de futebol de 20 centímetros de diâmetro. Se conseguir, daí pago suas contas hoje mesmo. Todas elas!

— O quê? Você está propondo algo que não é possível para me deixar mais frustrado do que estou!

— Pare de reclamar e pegue a tesoura!

— Não dá!

— Não dá para pegar a tesoura?

— Não dá para fazer o buraco!
— Mas você nem tentou!
— Estou falando que não dá!
— Não fazer um furo de 20 centímetros de diâmetro num cartão de nove centímetros por cinco centímetros é um fato ou uma opinião?
— É um fato!
— Mas você nem tentou!
— Nem preciso!
— Eis o seu primeiro problema: defender sua opinião como se fosse um fato. A sua maneira de pensar é o primeiro obstáculo, logo, questiono você novamente: problema é algo interno ou externo?
— Externo!
Mário, com um sorriso no rosto, pegou a tesoura da mão de Cláudio, dobrou o cartão ao meio, fez vários cortes em sentidos opostos e desdobrou o cartão na posição original. Então disse a Cláudio:
— Não se esqueça de nossa definição de furo: espaço vazio irregular circundado por papel constante.
Cláudio, com os olhos fixos, parecia nem piscar, nem respirar. Parecia abduzido. Parecia surreal para ele quando finalmente Mário fez um corte central no cartão de tal modo que a bola de futebol passou por dentro dele.
— Estou chocado!
— O problema é de natureza interna ou externa?
—Acho que estou entendendo aonde quer chegar... Mas não consigo supor outra possibilidade de fazer a bola passar por dentro do cartão.
— Certa vez estive com um público onde desafiei a plateia a fazer o furo e adivinha só o que aconteceu? Um participante pegou e fez de forma diferente da que eu fiz. E sou capaz de afirmar que existem muitas outras. Basta acreditar, perceber, usar criatividade para ver a "ponte".
— Ponte?
— Sim, imagine que você está num precipício e que do outro lado está seu grande sonho, propósito ou meta a ser alcançada. Se a percepção é de que o problema é de fora para dentro e você defende esse seu ponto de vista como um fato e não como uma opinião, naturalmente esperará que as circunstâncias, os recursos, o tempo ou as pessoas mudem de modo que o universo construa essa ponte de

lá para cá, de fora para dentro, do externo para o interno, como pode observar nessa figura abaixo:

— Faz muito sentido, Mário!

— E observe que o problema é sempre de natureza interna porque você sabe onde está, sabe onde gostaria de estar, mas, por algum paradigma, comportamento, competência etc., não consegue construir a ponte. Cabe a você construir a ponte, e de dentro para fora.

— Foi isso que você quis me mostrar com o cartão?!

— Exato! É como se você estivesse no precipício e de cara olhasse para o tamanho do problema e recuasse com a "opinião fatídica" de que não dá. Voltando à história do cartão de visita, observe que a primeira expectativa que você teve foi que eu mostrasse como fazer, ou em outras palavras, você queria que eu resolvesse um problema no seu lugar. Lembre-se que você será pago e reconhecido pela sua capacidade de resolver problemas, e não somente os seus, mas os das outras pessoas e os das organizações a qual pertencer. Lembre-se que o caminho é esse:

— Mas eu não deveria contar com treinamento e ajuda?

— Certamente, mas não por muito tempo. Deve-se buscar autonomia e liberar seu treinador quanto antes, afinal, um colaborador dependente não ajuda muito.

— Parece simples na teoria, mas na prática é muito complexo.

— Que bom que tocou nesse assunto, mesmo porque eu lhe dei um problema com o cartão, um problema de dobradura. "Simples", segundo a origem da palavra, significa "com uma única dobra", já a palavra "complexo", "várias dobras". Vivemos numa era em que quanto mais simplificado melhor, queremos a resposta de imediato, o atalho. Em muitos casos, simplificar significa mais, mas quanto a conhecimento talvez não. Afinal compreender o complexo, ou seja, compreender mais dobraduras, pode ser muito útil também, pois estimula o entendimento. Simplificar tudo para alguém pode prender o seu potencial ou mesmo subestimar sua inteligência e capacidade. Os problemas nos fazem crescer e um dos desafios da vida está em superá-los e ainda assim se divertir no processo. Chega um momento em que o desafio de antes passa a ser divertido, assim como foi para mim ao aprender a plantar bananeira. Amanhã virá outro amigo para deliberar mais contigo.

Mário abriu a porta, pegou a bola e a deu de presente para Cláudio, como símbolo de seu encontro, plantou bananeira e começou a andar sobre as mãos enquanto saía pelo corredor. Cláudio pensou: *Esse cara apareceu para me deixar de cabeça para baixo.*

Cláudio tomou seu banho e logo pegou no sono, enquanto imaginava quem seria o mentor do próximo dia.

Um problema é sempre um juízo, feito por uma pessoa, sobre a existência de uma brecha entre o que ela quer e o que ela experimenta. É por isso que os problemas nunca são externos.

(FRED KOFMAN PÁG. 88)

CAPÍTULO 4

O MENTOR DO PROGRESSO

A VIDA NÃO É ESCADA, MAS TOBOGÃ

Cláudio não tirava da cabeça as instruções que estava recebendo: percepções, criatividade e simplicidade. Ele sempre recebera o conhecimento de que a vida é como uma escada, que progredíamos por etapas, um degrau por vez. Durante a aula de Antropologia, ficou rasurando seu caderno com esses pensamentos. Desenhou uma escada e escreveu em cada degrau as coisas que havia aprendido.

De repente, Cláudio despertou com a elevação da voz da professora que estava provocando uma aluna por meio de um conceito. A frase da jovem era:

— Eu gostaria de ser livre como um pássaro e poder voar para onde eu quisesse.

A educadora logo fez uma inferência dizendo que essa tal liberdade, a qual a jovem se referia, não se tratava do que ela imaginava. Eis o diálogo entre as duas a começar com a estudante.

— Parece que não somos livres, parece que somos escravos das nossas responsabilidades, por isso falei sobre os pássaros. Pagamos para nascer e pagamos para morrer. Sinto-me presa ao sistema e a primeira coisa que me veio à mente foi o pássaro.

Então a professora replicou:

— Suponhamos que você seja uma andorinha. Você estaria satisfeita?

— Acho que sim — respondeu a jovem.

— Tenho a impressão que sua alegria se baseia na questão de não ter tanta responsabilidade quanto a que nós, humanos, temos num sistema criado por nós mesmos, certo?

— Isso!

— Mas o que você me diz do sistema da natureza?

— Como assim?

— Observe que ao sair do ninho já no seu primeiro voo, alguns pássaros, como a exemplo das andorinhas, têm duas responsabilidades inerentes à sua vida. Primeiramente precisam se certificar de que não serão tragadas por um predador, como o gavião. Elas precisam estar alertas praticamente o tempo todo, daí a ideia de andar em grupos ou bandos. Em segundo lugar, elas têm a responsabilidade de conseguir alimento todos os dias, sem falar que procriam e que precisam buscar comida para si e para os seus.

— E ainda estar vigilante para não serem comidas. Acho que mudei de ideia — respondeu a aluna.

— A vida — disse a professora — é buscar seus objetivos cuidando para não ser tragado pela natureza e ainda assim desfrutar do voo. Trata-se de equilibrar drama e romance, tragédia e superação, medo e coragem, e nesse turbilhão todo encontrar felicidade.

Aquele papo de andorinha parecia fazer sentido em relação ao que Cláudio estava refletindo. Será que algum outro mentor apareceria? Se sim, sobre o que seria a conversa?

Pegou o ônibus e foi para casa. Ao subir as escadas deparou-se com um homem encostado na parede. Ele vestia jeans surrado e estava com um capacete de obras na mão — parecia ser um engenheiro. Ao subir as escadas e passar pelo desconhecido surpreendeu-se quando escutou um grito do visitante:

— PARE!

— Quem é você? E por que está gritando desse jeito? Já está tarde!

— Meu nome é Allan Pereira. Estou aqui em nome de Mário.

— Ah, sim. Você é professor ou engenheiro?

— Vivo os dois papéis.

— E o que vai ser dessa vez?

— Você anda pensando em escadas de progresso, certo? Que tal ter um professor engenheiro? Se você ficar parado no degrau onde está, o que acontecerá?

— Nada! E como sabe que eu estava pensando sobre isso?

— Linguagem corporal, um assunto para ser tratado mais tarde. Você pode me dizer algo mais sobre esse "nada"?

— Olhe só, o degrau é horizontal, e a força da gravidade que age sobre mim provoca uma força para baixo perpendicular ao degrau. Há uma ação da gravidade (A) e uma reação (B) de mesma força que culmina em inércia — respondeu Cláudio.

— Ótimo! Na física você explicou muito bem, mas, quando se trata de desenvolvimento pessoal, você acredita que o mesmo princípio se aplica?

— Naturalmente que não! Por exemplo, se eu fosse um médico ou profissional da área de tecnologia e decidisse parar de progredir em minha carreira, não ficaria em inércia, mas começaria a andar para trás.

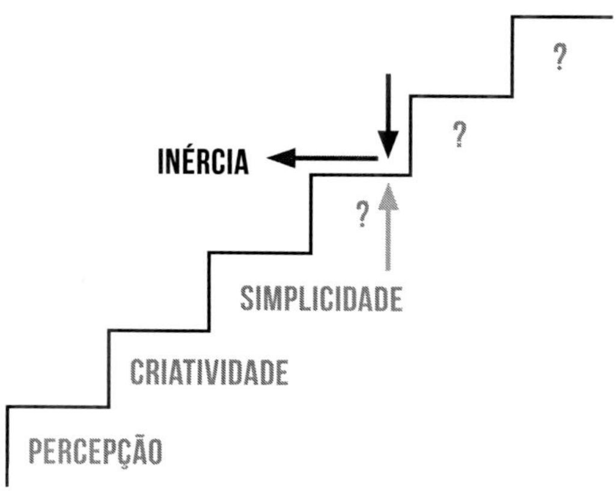

— Logo, você acredita que a escada é a melhor comparação para o progresso? — perguntou Allan.

— Sem dúvida a escada é um bom exemplo para algumas áreas de desenvolvimento ou mesmo para lembrar que nós crescemos por etapas. Mas acho que deveria existir outra forma de explicar o progresso.

— O que acha do tobogã?

— Mas nós usamos uma escada para subir e o tobogã para descer, não é?

— Por que fazemos isso? — questionou Allan.

— Parece ser mais fácil, mais lógico, e se cansarmos podemos parar um pouco no degrau e até sentar. Podemos usar a inércia a nosso favor.

— E na vida real? Você pode usar a inércia a seu favor?

— A impressão que tenho é que estou dentro de um tobogã o tempo todo. Não há atalhos. Não dá para ficar parado, estático, inerte. Parece que há sempre uma força puxando a gente para baixo. A sensação que dá é que só de parar já está acontecendo um retrocesso. Acho que essa é a razão pela qual muita gente sente que a vida não progride pelo simples fato de despender energia para ficar parado — respondeu Cláudio.

— Faz sentido o que está me dizendo. Poderia desenhar uma representação do que explicou? — pediu Allan.

O engenheiro visitante tirou de sua bolsa uma folha tamanho A3 dobrada e sentou-se na escada. Deu uma caneta para Cláudio que logo traçou sua nova perspectiva:

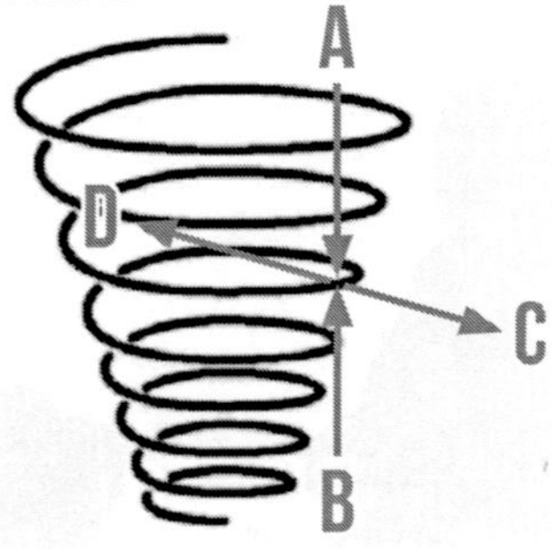

E então, o jovem começou a explicar:

— Num tobogã como esse, existem as duas forças que também

ocorrem na escada, a qual chamarei de A e B. Numa escada estaríamos em inércia, mas a vida real não é assim, pois existe uma força C que nos traz para baixo o tempo todo.

— O que você acredita ser essa força?

Foi então que Cláudio se lembrou da aula de Antropologia.

— Se uma andorinha ficar parada ela morre. Além da força B, que poderia representar suas necessidades de comer, beber e descansar, ainda há a força C que poderia ser correspondente à sua necessidade de se proteger dos predadores. Assim, para que ela tenha perspectiva de desfrutar do voo, precisar aplicar a força D, oposta a C.

— Muito curiosa sua explicação! O que me diz dessa força D?

— Eu sabia que você iria perguntar — disse Cláudio. — Se você notar bem em meu desenho perceberá que as setas A, B, C e D são todas do mesmo tamanho. A união dessas forças provoca a inércia. Por essa razão a melhor maneira de representar progresso é o tobogã e não uma escada. Se ficar parado na escada não há gasto de energia, mas num tobogã, para ficar em inércia você precisa se segurar e atentar para não cair. Acho que a vida é assim, implacável, não permite que fiquemos parados sem despender energia, do contrário regredimos.

O engenheiro tomou a caneta da mão de Cláudio e disse:

— Que nome você daria para isso? — disse o mentor, traçando uma linha que dava continuidade ao vetor D, o qual chamou de E, como mostra a figura:

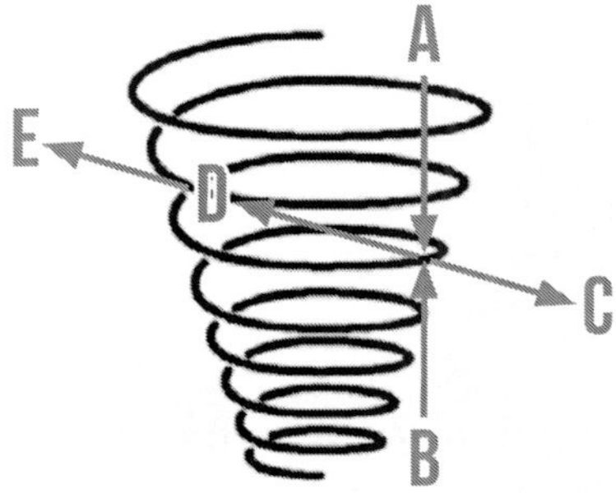

Antes que fosse inquirido pelo mentor, Cláudio se atreveu:

— Já sei! Vai me dizer que o significado desse "E" é Esforço, não é?

— É uma boa sugestão, mas creio que representa o que a maioria faz. Esforço é a letra "D", algo que a andorinha pode fazer, mas sem sobreviver ou mesmo desfrutar do voo. D é muito importante, mas fará sentido quando acompanhado de "E" que significa Entusiasmo.

— Por quê?

— Entusiasmo vem do grego "Ter Deus dentro de si", ou seja, a menos que a apreciação pelo voo seja maior que a necessidade de sobreviver ou satisfazer as necessidades básicas, haverá um empate entre D e C, resultando num esforço medíocre que tende a deixar o indivíduo na inércia, com a impressão de que se batalha muito, pois há um grande esforço de sua parte, mas com poucos resultados satisfatórios.

— Interessante!

— Não se esqueça, Cláudio, somos treinados pelo tobogã a nos divertir escorregando para baixo, o que é muito fácil, mas, no que tange à realização pessoal, podemos escolher uma trajetória comum, ou outra mais significativa com muito entusiasmo para desfrutar do voo. Espero sinceramente que encontre seu caminho.

O engenheiro colocou seu capacete, sentou-se no corrimão da escada e foi deslizando para baixo até que Cláudio o perdeu de vista.

Ao entrar em seu apartamento, Cláudio retirou suas anotações da mochila, pegou seu caderno e arrancou a folha na qual havia desenhado uma escada e fez uma cópia do desenho que havia criado com o engenheiro. Foi então que teve um TOC na cuca:

— Puxa! Quem criou esse desenho fui eu, e o professor apenas me orientou. Eu criei! Eu inventei!

Assim, entusiasmado, foi o universitário para cama com o pensamento de que talvez agora houvesse compreendido as questões de percepção e criatividade explicadas pelos seus primeiros mentores e ainda de quebra havia sido um processo simples.

"Divertir-se escorregando num tobogã é fácil,
quero ver divertir-se subindo."

CAPÍTULO 5

O MENTOR DOS VALORES

A DIFERENÇA ENTRE PRINCÍPIOS E VALORES

Mais um dia na empresa. Todavia peculiar. Um escândalo havia ocorrido. Membros do conselho haviam sido corruptos e deixaram a empresa em situação perigosa, em risco de falência.

O assunto no almoço era a crise. Todos preocupados com o dia de amanhã. O comentário comum era:

— Onde estão os valores? Só ficaram na parede mesmo!

Embora o clima estivesse tenso, Cláudio sabia que de nada adiantaria ficar reclamando, praticou seu trabalho de costume e pegou o ônibus para faculdade.

Em véspera de feriado havia poucos alunos e Cláudio aproveitou para pegar o elevador sem ter de esperar por uma fila. Terminadas as aulas foi para casa entusiasmado com o feriado que estava por vir. Ele fora convidado para passar um fim de semana diferente com a família de um amigo. Afonso Coimbra, pai de seu amigo, era também capitão na Marinha. A surpresa consistia em passar 24 horas num navio de guerra e conhecer sua história e funcionamento.

Já instalados no navio, pela madrugada, sem dormir, Cláudio e seu amigo perceberam que curiosamente surgiu uma neblina — não era possível ver muita coisa. Resolveram procurar o capitão para checar se estava tudo bem. Ao entrar em sua cabine, os jovens questionaram:

— Como faz para saber que não haverá acidentes uma vez que não podemos ver nada?

— Nós nos comunicamos pelo rádio. A comunicação é a chave para que não entremos em choque — disse o capitão.

De repente, uma luz muito distante surgiu. Ela surgia e sumia. Alguns minutos foram se passando até que os jovens percebessem que a luz estava ficando ligeiramente mais próxima. Cláudio então indagou:

— Capitão Coimbra, já não está na hora de se comunicar?

— Sim, é tão simples que vou pedir para vocês fazerem.

— O quê?

— Isso mesmo! Vamos, Cláudio! Vou anotar num papel a instrução, daí é só você ler!

— Certo!

Eles estavam num navio de guerra, portanto apenas uma instrução deveria ser o suficiente. Com o papel na mão o sinal foi aberto.

— Movam-se 20° a estibordo. Câmbio! Então o sinal retorna:

— Movam-se vocês 20° a estibordo. Câmbio!

Afonso pensou consigo:

— *Quem é esse fanfarrão? Será que não sabe quem nós somos?! Ele nem sabe que temos poder para destruí-lo.*

Então o sinal foi aberto novamente.

— Aqui é o Capitão Afonso Coimbra do CT – Espírito Santo – D38 ordenando que você mova 20° a estibordo. Câmbio!

— Aqui é João da Silva e não posso me mover, eu estou num farol.

Constrangido, o capitão agradeceu e moveu o navio.

Finalmente o sono bateu e Cláudio se dirigiu para seu modesto aposento na embarcação. Tomou um banho, colocou o pijama e, quando estava prestes a dormir, teve a impressão de ter visto um vulto branco passar pela janela do convés. Curioso e destemido ele foi checar.

Andando cautelosamente, ele encontrou uma marinheira que aparentava a idade de 35. Ela vestia um uniforme impecavelmente branco. Logo ela se apresentou:

— Olá, Cláudio, meu nome é Sofia Lopes, sou amiga de Allan. Aproveitando o feriado?

— Você é a minha mentora de hoje?

— Talvez sim, talvez não. Depende de você!

Sofia percebeu que Cláudio estava com frio e convidou-o a andar pelo convés e pegar novos agasalhos para ele. Ela questionou:

— Qual foi a última lição aprendida?

— Foi sobre progresso, a questão da escada e do tobogã.

— Essa não foi a última. Pense melhor...

— Sei lá!

— Qual foi sua última experiência que impactou sua maneira de pensar e o fez refletir?

— Sem dúvida foi dois dias atrás no trabalho. Problemas de conduta da diretoria deixou todo mundo desnorteado na empresa.

— Você se sentiu sem rumo.

— Isso mesmo, parecia estar tudo bem, mas na verdade não sabíamos que o barco estava afundando.

— Desnorteado, afundando...

— Sim.

— E o que tem aprendido com isso?

— As pessoas mudam, um dia fazem o bem e noutro não.

— Então você acredita que alguns fatores entre nós não deveria mudar?

— Tudo muda, mas sem dúvida alguns pontos de nossa conduta não deveriam.

— Que nome você dá para esse conjunto de fatores de conduta?

Naquele momento Cláudio lembrara-se do bate-papo de almoço na empresa: Onde estão os valores? Ficaram só na parede mesmo!.

— Seriam os valores?! — respondeu inseguramente o universitário.

— Sim! E como você define valor?

— Aquilo que não tem preço! Por isso valor.

— Dê um exemplo.

— Minha vida não tem preço, na verdade, a de todos os humanos não tem preço, cada um tem um valor singular e de mesma importância.

— Mas você acredita que todo mundo pensa como você? Nessa igualdade?

— Não — respondeu Cláudio.

— E o que isso significa?

— Significa que nem todos veem as coisas pelo mesmo ângulo.

— Exato! Percebemos que nem todos dão o mesmo significado para uma crença ou percepção, que nesse caso seria a igualdade e a importância da vida.

— Em sua opinião — disse Cláudio — o que faço para saber se uma pessoa realmente acredita em seus valores, isto é, como saber que ela não vai mudar? É lamentável o que os líderes da cúpula de minha empresa fizeram, eles não tinham valores, era só fachada!

— Queira me acompanhar...

Sofia preparou uma prancha improvisada e colocou para fora do navio e disse para Cláudio:

— Diga-me um valor que você tenha, qualquer um.

— Honestidade.

— Então você é honesto?!

— Sim!

— Agora vamos dramatizar um pouco. Eu quero que você se torne desonesto, quero que minta ou se torne corrupto. Do contrário, eu obrigarei você a pular do navio. E agora?

— Você está de brincadeira, né?

Sofia tirou uma espada que não tinha corte de sua cintura e apontou para o jovem. Ele, que achava que se tratava de uma brincadeira, começou a acreditar na mentora e disse:

— Já entendi aonde quer chegar.

Então ela apontou para a sua garganta e disse:

— Decida agora!

Cláudio lentamente subiu na prancha e foi dando passos lentos e curtos em direção ao mar. No segundo passo Sofia interrompeu:

— Pare!

— O que aprendeu agora?

— Confesso estar um pouco tenso agora.

— Posicionar-se pelos seus valores consiste em despender muita energia. É preciso ter coragem. Tensão faz parte! O que aprendeu?

— Só se descobre que temos um valor quando estamos dispostos a perder a vida por essa crença. Eu preferiria morrer a ser desonesto. Minha mãe me criou assim e eu não conseguiria mais viver sabendo que sou desonesto. Eu deixaria de ser quem eu sou.

— Em outras palavras, sua honestidade não tem preço.

— Sim.

— Esse é um dos problemas recorrentes em empresas. Existem os valores professados e os valores reais. O primeiro é aquele que fica estampado na parede e no site da empresa e o segundo vivenciado pelos membros da organização e principalmente por aquele que lidera.

— Os líderes deveriam ser os guardiões desses valores, mas às vezes são os primeiros a quebrá-los — comentou Cláudio.

— Vamos voltar à questão de mudança de valores. O que você achou do evento de hoje com o capitão? O que aprendeu?

— Algo relacionado à comunicação? Percebi que houve um problema nesse quesito.

— De que forma a comunicação está relacionada a valores?

— A comunicação é a ferramenta que usamos para dar significado ao que temos dentro de nós, às crenças. Em alguns casos estamos falando da mesma coisa, usando a mesma palavra, mas temos uma compreensão diferente. Por isso a comunicação precisa ser muito boa.

— Ótima percepção e explicação. Mas acho que ainda há algo mais na experiência com o capitão. Qual a relação entre valores e princípios?

— Relação? Como assim? Não são a mesma coisa? Sempre ouço falar "aquele homem é um homem de valor" ou "aquele homem é um homem de princípios". Para mim tem o mesmo significado.

— Vamos voltar à sua experiência. Houve uma falha na comunicação do capitão com o outro suposto barco. Por que o seu navio teve de mudar?

— Porque o farol não podia se locomover, e se assim permanecêssemos iríamos colidir.

— Isso mesmo. Princípios são como faróis, nunca mudam, são constantes.

— E os valores? — questionou Cláudio.

— Valores mudam, não são constantes, por isso são como o barco. Quando há um contratempo de comunicação entre valor e princípio o que prevalece?

— Se me recordo bem de nossa história, o princípio prevalece — respondeu Cláudio.

— Isso mesmo! Ninguém pode quebrar os princípios. Apenas podemos nos quebrar em relação a eles ou desviar deles.

— Faz sentido. Mas ainda não está clara a diferença entre eles, valores e princípios.

A marinheira tirou um lenço branco do bolso, pegou uma caneta e escreveu o seguinte:

PRINCÍPIOS – EXTERNOS E OBJETIVOS
VALORES – INTERNOS E SUBJETIVOS

Então começou a falar sobre princípios.

— Princípios têm algumas características específicas, pois são leis naturais.

— Dê-me um exemplo — pediu Cláudio.

— Darei dois. A lei da colheita e a lei da nutrição humana. Elas são universais, ou seja, se aplicam em todo lugar. São atemporais, funcionavam ontem, funcionam hoje e vão continuar funcionando amanhã. São objetivos, planta-se e depois se colhe, nutra-se e depois desfrute de boa saúde. Pensar positivo com princípios não adianta muito, tem de fazer e seguir objetivamente de acordo com as diretrizes que levam aos resultados. E, por último, são governantes. Se você acredita nessa lei ou não, tenha ciência dela ou não, lamento dizer que não fará diferença, pois os princípios são imperativos e se mantêm.

— A lei da gravidade também seria um princípio?

— Responda-me você: é universal, atemporal, objetiva e governante?

— Sim — respondeu Cláudio.

— Então é!

— Já os valores não são universais, nem atemporais, são subjetivos e não são governantes. Puxa! Faz muito sentido!

— Para encerrar esse assunto gostaria de lhe entregar um presente.

Sofia tirou do bolso uma bússola antiga, entregou nas mãos de Cláudio e completou:

— O ideal, meu jovem aprendiz, é que todos tivessem a instrução correta e conhecessem os princípios que regem o planeta e a sociedade. Isso seria comparado à determinação constante do norte nessa bússola. Por outro lado, a agulha ao meio pode oscilar, mas ela foi feita para apontar para o norte, assim como valores são uma tentativa de apontar para os princípios. Quando você andou na prancha não recuou, não deixou de apontar para o norte. No que tange ao atributo honestidade você provou ter valor real.

— Mas o que fazer quando pessoas dão significados totalmente diferentes para o mesmo valor?

— Os valores são crenças duradouras e, como vimos, flexíveis, maleáveis, alteráveis. Poderíamos compará-los à argila. Valores podem ser moldados.

— Mas como podemos fazer isso numa equipe grande com tantas perspectivas diferentes?

— Se os valores são argila, eu diria que o líder deve ser o oleiro, aquele que molda o valor de todos ao valor da organização.

— Então essa seria a solução para que os valores sejam todos iguais na equipe? — questionou o rapaz.

— Não há como formatar todas as perspectivas igualmente devido à complexa subjetividade que há em cada um de nós. Tal padronização somente é possível com os princípios. No entanto, um líder oleiro reconhece que a comunicação eficaz é uma chave fundamental para manter uma semelhança entre os significados. Não há como fazer da argila vasos igualmente simétricos visto que somos humanos e não máquinas, porém, quando todos olham para o objeto produzido pelo oleiro, precisam ter claramente a mesma crença. Em outras palavras, se o objeto produzido pelo oleiro é uma jarra de um litro, todos precisam ver e crer da mesma forma que se trata de uma jarra de um litro, e que todos concordam em beber dela e que lutariam para protegê-la de forma que jamais se quebrasse.

A marinheira pegou o lenço em que havia escrito a diferença entre princípios e valores, embrulhou a bússola e entregou nas mãos de Cláudio. O jovem nem sentia mais frio! Estava aquecido pelas palavras de Sofia que o deixou no convés sozinho enquanto olhava para o horizonte. Pensou ele:

— Acho que minha vida será assim, uma viagem de navio em neblina, com grandes tempestades e aventuras, com o único fim de encontrar os faróis.

Então apareceu o capitão que logo questionou:

— Acordado até essa hora?

— Estou aqui para ver se acho mais um farol.

— Existem muitos!

— Quero conhecer todos!

Os líderes confiáveis respeitam a diversidade de seus muitos liderados, mas também enfatizam seus valores comuns. Eles promovem o acordo. O propósito deles não é que todos estejam de acordo em relação a tudo. Esse objetivo é irreal, talvez até impossível. Além disso, alcançá-lo seria negar as próprias vantagens da diversidade. No entanto, para dar o primeiro passo e depois um segundo e então um terceiro, as pessoas devem ter algum cerne de compreensão comum. Afinal, se não houver acordo sobre os valores, o que exatamente os líderes e todos os demais estão tentando modelar? Se os desacordos sobre os valores fundamentais não forem dirimidos, as consequências serão conflitos intensos, falsas expectativas e redução de capacidade[6].

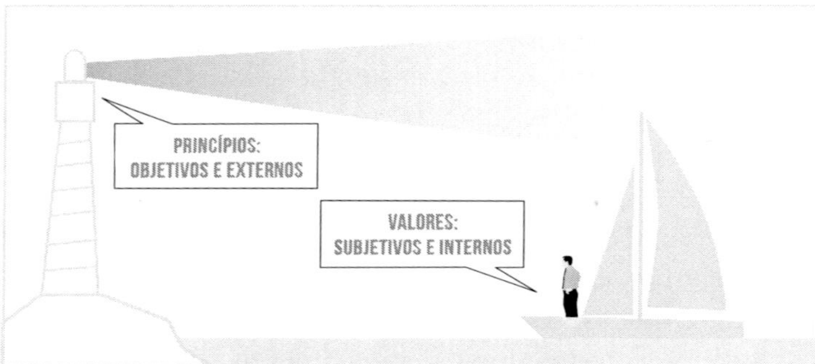

[6] C. Daniels – *Development Organizational Values in Others* – pág. 62 – citado em *O Desafio da Liderança* – pág. 49

CAPÍTULO 6

O MENTOR DA LINGUAGEM CORPORAL

A VERDADEIRA COMUNICAÇÃO

Mais um dia na empresa e Cláudio foi convidado a fazer uma visita externa a dois clientes. Seu supervisor, Paulo Watz, o acompanharia e daria orientação para que mais negócios pudessem ser fechados.

Primeiramente foram a uma cliente que estava muito insatisfeita com o atendimento da empresa. A missão era ouvi-la e ajudá-la para que a confiança pudesse ser reatada. Já a segunda tratava-se de uma visita comercial, com o objetivo de fazer novos negócios.

Cláudio estava entusiasmado com o desafio de lidar diretamente com grandes clientes. Era uma chance ímpar. Mas antes seu supervisor o levara para almoçar num restaurante famoso da cidade, que ficava no caminho para o primeiro compromisso. Disse Paulo enquanto dirigia:

— Cláudio, hoje você vai conhecer o melhor garçom do planeta.

— Ótimo! E ele é sensacional por que serve muito bem?

— Sim, mas é muito mais que isso! Foi ele quem me deu as maiores dicas para atender bem o cliente.

— E ele compartilhará comigo também?

— Não, na verdade uma das condições é que, ao receber a instrução, devemos compartilhar por nós mesmos para multiplicar. É uma forma singela de agradecer por aquele que nos instruiu.

Sentaram-se à mesa de costume e logo Pedro Willian chegou com sorriso no rosto.

— Quem é esse jovem aprendiz? — perguntou Pedro.

— Meu nome é Cláudio. Muito prazer!

Pedro Willian entregou a ele uma imagem pequena e disse:

— O prazer é todo meu! Leve essa figura consigo e entenda bem a metáfora dos animais. Assim saberá um pouco mais sobre a comunicação com as pessoas.

— Obrigado! — disse o jovem.

Pediram seus pratos e se despediram de Pedro. Ele era o maître.

O supervisor então disse a Cláudio:

— Veja e olhe o maître Pedro trabalhando.

— Está bem!

Cláudio viu que o maître observava não somente o próprio trabalho, mas também o dos outros garçons. Também viu que ele prestava bastante atenção. Em determinado momento, o maître chamou um dos garçons e pediu para que fosse até uma mesa para verificar a satisfação de um casal. O supervisor então o interrompeu questionando:

— O que você viu e olhou?

— Vi que o maître é muito atencioso e sempre está preocupado em atender bem o cliente.

— Mas por que o Pedro escolheu aquela mesa especificamente?

— Não sei! Acho que foi aleatório, não?!

— Você viu, mas não olhou! Você está me ouvindo, mas não está escutando!

— Desculpe-me, não estou entendendo. O que eu deveria ter visto?

— A maioria das pessoas somente vê e ouve. Isso é muito passivo, é receptivo e as pessoas realizadoras não são assim. Elas agem, mesmo quando estão só observando. Na verdade, estão olhando, buscando informações importantes para poder servir melhor. Em vez de ouvir, escutam atentamente para compreender de forma definitiva a natureza dos problemas das pessoas.

— O que eu deveria ter olhado e escutado?

— Vamos discutir esses detalhes mais tarde, mas antes vamos à metáfora para você entender mais sobre como olhar.

Enquanto comiam o supervisor indagou:

— Quais são os animais que você está vendo nas figuras?

— Vejo o boi no tronco e nas patas, um leão no tórax, asas grandes que sugerem ser de águia, uma cobra na testa e a face de um homem.

— Você viu tudo! Agora você vai aprender a olhar. Diga-me, como é o comportamento de um boi? Refiro-me ao que ele faz naturalmente, sem nenhuma influência.

— Come, bebe e dorme. Sempre que eu ia para a chácara de meu tio via que os bovinos apenas pastavam. Eles nascem, crescem, reproduzem e morrem.

— A menos que os usemos para nosso próprio benefício. Outro dia perguntei a meu filho de 12 anos: "Vaca dá leite?" e ele respondeu: "Claro!". Então completei: "A vaca não dá leite, se você quiser o leite terá de ir pegar".

— Faz sentido, mas o que isso tem a ver com o atendimento a cliente, ou seja, com o comportamento das pessoas?

— Trata-se do comportamento instintivo e vegetativo das pessoas que naturalmente imitam o comportamento do boi que é representado no corpo pelo abdômen.

— Dê-me um exemplo na prática! — pediu Cláudio.

— Você se lembra de quando fizemos o processo seletivo no qual foi contemplado com a vaga?

— Sim.

— Você e o outro candidato tinham todas as competências para ficarem com a vaga. Na verdade, ficamos divididos até que na última etapa do processo deixamos vocês esperando juntos numa sala por 30 minutos.

— Eu me recordo disso.

— O outro jovem estava debruçado na cadeira com as mãos no abdômen. Seu comportamento dizia: "Se tivesse uma cama aqui eu deitaria". Pense bem, ele nem havia começado a trabalhar conosco e já era assim. Por isso escolhemos você.

— Mas só por causa disso?

— Sim, por tudo isso! As pessoas são contratadas por causa da competência e geralmente demitidas por comportamento. Procuramos identificar comportamentos que são alheios a nossos propósitos e descartamos.

— Dê-me mais um exemplo.

— Seu aniversario será daqui a duas semanas, certo?

— Correto.

— Todo mundo tem um amigo comilão, aquele que sente apreciação em demasia por degustar. Geralmente nos divertimos muito com eles. Faça um teste. Ofereça comer mais. Talvez ele diga não com os lábios, o rosto ou as mãos, mas se o abdômen avançar, eis a verdade.

— E o leão, como entra neste contexto? — questionou o rapaz.

— Diga-me você! Pare de ver, busque olhar. O que temos no centro do tórax?

— O coração.

— E o que ele representa?

— Emoção?!

— Isso mesmo. Trata-se do ego, do EU, dos sentimentos. Por isso é simbolizado pelo rei dos animais.

— E como ela se manifesta?

— Observe o tórax das pessoas. O que você consegue ver e olhar?

— Alguns com tórax encurvado, outros elevado e outros apenas reto.

— Muito bem! Lembra-se que o maître Pedro pediu para o garçom se dirigir à mesa que você achava que era aleatória?

— Sim.

— Ele viu e olhou que a cliente ao partir seu contrafilé encurvou seu tórax e suspirou. A instrução dada por Pedro ao garçom foi que perguntasse a ela se a carne estava no ponto desejado. E a moça disse educadamente que estava bem passado e que havia pedido que fosse ao ponto. Imediatamente o garçom trouxe uma nova carne conforme desejo da cliente. Acho que agora entende porque esse restaurante é tão famoso.

— Uau! Eu nem percebi tudo isso.

— Lembre-se: pessoas comuns veem e ouvem, pessoas extraordinárias olham e escutam. Observe que a carne e todas as outras marcas de alimentos são usadas também por concorrentes. A pergunta é: por que este restaurante está sempre cheio e é um sucesso se tem as mesmas marcas e preços semelhantes?

— Acho que é porque, além de comprar a comida, compram a experiência no restaurante. Dificilmente em outro lugar eu encontraria um serviço tão focado no cliente.

— Se quiser ter sucesso com as pessoas precisará entender de pessoas. Por isso usamos essa metáfora dos animais para poder facilitar a compreensão.

— Agora vamos para a águia? — perguntou Cláudio.

— Não! O leão ainda tem muito a ensinar. Pessoas que estão emocionalmente fragilizadas geralmente encurvam seu tórax na presença de outros, demonstram inconscientemente que se sentem sem perspectiva de criar um vínculo emocional. Isso acontece, por exemplo, quando choramos.

— Então o oposto se aplicaria?

— Como assim? — questionou Paulo.

— Pessoas que elevam o tórax quando se comunicam estão querendo dizer que o seu EU é muito importante e superior?

— Parabéns, Cláudio! Você está começando a olhar as coisas agora.

— Então vou começar a olhar mais...

Começaram a comer um pouco mais depressa devido ao compromisso, enquanto Cláudio olhava discretamente para todos ao redor. Foi interrompido pelo seu supervisor:

— O que está olhando agora?

— Um casal discutindo. A mulher está com os braços cruzados, enquanto seu companheiro fala.

— E o que isso pode significar?

— Emoção bloqueada, sem conexão. Ela não parece acreditar nas palavras dele.

— Muito bem, o que mais?

— Acabei de olhar um grupo de amigos comemorando algo. Parece ser a promoção de um deles. Todos estão se abraçando, mas um deles é mais acanhado, fica meio travado na hora de abraçar. Já outro entre eles abraça demais.

— E o que isso pode significar?

— Que alguns criam vínculos emocionais mais facilmente do que outros.

— Ótimo! Além disso, um abraço pode significar: "meu coração sentiu falta do seu coração" ou "emocionalmente falando, você é muito importante para mim" — completou Paulo.

— Certamente aquele que abraça pouco eu jamais contrataria para trabalhar diretamente com cliente.

— Boa percepção, Cláudio. Faz sentido, mas não pode ser uma decisão baseada apenas nisso, é preciso verificar outros pontos-chaves.

Terminada a refeição, Pedro veio pessoalmente oferecer a sobremesa que não aceitaram e despediram-se.

No carro, a caminho para o compromisso, continuaram a conversar sobre a metáfora. Paulo perguntou:

— O que me diz sobre a águia?

— Ela tem muitas características fenomenais. Outro dia assisti a um documentário em que ela pegou uma tartaruga com as garras, voou alto e arremessou sua presa contra as pedras. Ela tem visão, audácia, coragem e é muito inteligente.

— Ela é o símbolo da mente, inteligência e visão. Quando você está falando com uma pessoa e esta não olha nos seus olhos, como você se sente?

— Muito incomodado. Lembrando suas palavras: pessoas veem, mas não olham, ouvem, mas não escutam.

— Confesso estar exaurido de fazer entrevistas de estagiários que, quando são questionados, não respondem olhando em meus olhos.

Saíram do carro e foram para a recepção da empresa da primeira cliente, aquela que não estava muito satisfeita. Receberam o cartão de visitante e foram comunicados que a reunião atrasaria alguns minutos. Sentados na recepção, ficaram olhando as pessoas se movimentando para lá e para cá. O silêncio foi interrompido pelo supervisor:

— O que está olhando?

— Estou observando as águias.

— Conte-me mais...

— Vejo algumas pessoas com a cabeça erguida demais e outros cabisbaixos, sem contar que muitos não olham nos olhos daqueles que estão se comunicando — disse Cláudio.

— E o que isso significa?

— Significa que poucas pessoas têm confiança e humildade para entender que somos iguais. Alguns se sentem superiores intelectualmente — muito seguros de si —, ao passo que outros, de cabeça baixa, se sentem inferiores pelo estímulo externo.

— Observe aquele casal se despedindo na porta.

Cláudio viu que era uma loira alta e bem vestida que aparentava 40 anos. Estava falando com um jovem engravatado de aparência de 25. Ele parecia muito entusiasmado ao projetar com confiança o leão e a águia em sua direção, mas ela ouvia timidamente enquanto acendia um cigarro. Ela, ao se despedir, disse tchau com a cabeça levemente inclinada para cima. Então ele cutuca o supervisor dizendo:

— Ei, você viu e olhou o casal lá fora?

— Sim. E o que você acha que a loira vai fazer com as ideias do jovem?

— Nada.

— Bingo!

A secretária os chamou para entrar na sala de Catarina Almeida, a cliente insatisfeita.

Foram sessenta minutos cravados de reunião. Cláudio estava impressionado com a atuação do supervisor. E logo que saíram do prédio disse:

— Eu achei que você iria dar algumas soluções para ela logo de cara para que ficasse satisfeita e não ficássemos tanto tempo.

— Lembre-se: olhar e escutar.

— E foi isso que você fez — respondeu Cláudio. — Exceto pelas perguntas que você fez, diria que essa reunião foi um monólogo.

— Quando chegamos lá como estava o boi, o leão e a águia de nossa cliente?

— Eu assisti a tudo claramente. Percebi que à medida que o tempo foi passando e ela foi se sentindo compreendida começou a mudar sua abordagem. Ela pareceu sair do antagonismo para uma cooperação.

Ao entrarem no carro rumo ao novo cliente, o celular do supervisor reconheceu uma mensagem que logo mostrou a Cláudio. Ela dizia:

— Obrigado pela visita. Tenho certeza que continuaremos a fazer muitos novos negócios.

Tão simples e tão correto. Foco no cliente.

Ao seguir viagem, Paulo pede para Cláudio mostrar a imagem que ganhara do garçom Pedro e indaga:

— E agora, qual animal falta em nossa metáfora?

— A serpente.

— E o que pode significar?

— Só penso em coisa ruim quando penso em serpente. Há algo de positivo por aqui?

— Claro que há! Tudo depende do ponto de vista que é fundamentado em seus paradigmas. Não pode se esquecer de que alguns antídotos vêm delas, que controlam o ecossistema e são citadas positivamente até na *Bíblia*[7]. Como ela se locomove?

— Rastejando...

— Mas como?

— Em zigue-zague.

— No campo da física, poderíamos comparar esse tipo de deslocamento com a....

— Voz! Quando falamos, cantamos ou gritamos é assim que se propaga.

— Estamos quase lá! Vamos ampliar essa perspectiva. Que campo da física estuda isso?

— Ondas! Entendi.

— E ondas são nada mais nada menos que...

— Propagação de energia!

— Observe que falamos do boi, do leão, da águia e agora da serpente. Já percebeu o que representam?

— A totalidade do comportamento humano.

— Sim, mas é muito mais que isso. Representam também as quatro dimensões da vida — corpo (boi), coração (leão), mente (águia) e espírito (serpente) —, simbolizando nossas necessidades fundamentais de VIVER, AMAR, APRENDER e DEIXAR UM LEGADO. É fundamental que vivamos em equilíbrio em todas as dimensões. Podemos observá-las por meio do comportamento das pessoas.

[7] Mateus 10:16 – Prudência.

— Mas e quanto à serpente? — questionou o rapaz.

— A energia está relacionada às suas atitudes, a energia que você deliberadamente emana para o meio, ou seja, é propagar aquilo que quer propagar. Geralmente despendemos energia com aquilo que não queremos fazer. Você é um estagiário e precisa saber quanto antes em que deseja despender energia, em que deseja usar os seus talentos, do contrário, o mundo lhe ditará o que deve fazer.

— Por isso geralmente a serpente fica na testa?

— É uma boa observação.

Chegaram ao novo compromisso, agora se tratava de uma prospecção, um cliente em perspectiva, para novos negócios.

Cláudio atentamente observava a linguagem corporal do cliente. Estava impressionado como a comunicação eficaz não estava relacionada apenas as palavras, mas aos gestos, aos tons de voz e ao olhar. Naturalmente as analogias ajudavam muito, mas a mensagem mais importante estava por vir.

Contrato assinado, hora de voltar para o trabalho. Ao sair do prédio, viram uma senhora pedindo esmolas na porta. O supervisor então diz:

— Veja e olhe! É interessante! A senhora que pede esmolas sabe muito sobre linguagem corporal. Ela fica sempre ajoelhada ou agachada com o boi, o leão e a águia inferior e estende a mão para cima na altura daquele que recebe o pedido. Em outras palavras: "O pouco que você estender a mão me ajudará a ser melhor, me ajudará a elevar um pouco, pois estou muito abaixo de você em todos os aspectos das dimensões humanas".

— Parece que ela sabe tudo isso que discutimos hoje — respondeu o rapaz.

— E sabe! Todos sabem. Saber que isso existe é senso comum, mas olhar e interpretar toda a linguagem não é prática comum.

— Mas as palavras também são importantes, tanto quanto o tom em que falamos, não é?

— Sim, me empresta a fotografia que Pedro lhe deu.

O supervisor então começou a desenhar um gráfico circular e colocou as proporções conforme a seguir:

Disse ele:

— Aí está sua aula de hoje.

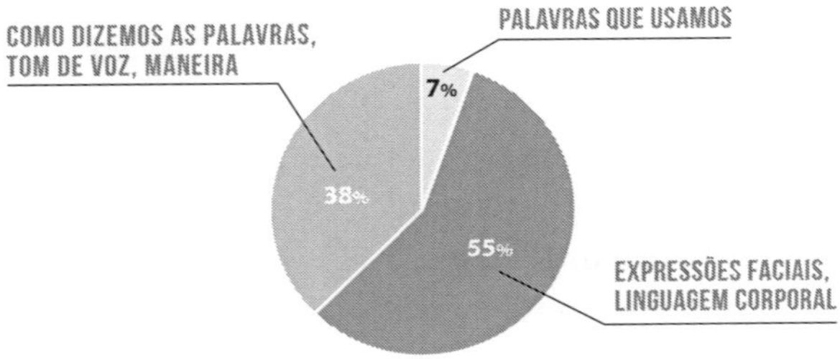

Ao entrar no carro o aprendiz indaga:

— Eu percebi muitas coisas que não percebia. Foi um dia maravilhoso.

— Mas não se anime muito! Você percebeu que houve um momento em que nosso cliente coçou o nariz?

— Sim. E o que isso significa?

— Significa que o nariz estava coçando e ele coçou para aliviar a coceira.

— Sério? — disse o jovem sorrindo.

— A lição final de hoje é que o mais importante é o contexto total. Você não pode julgar as pessoas por alguns movimentos isolados, precisa se empenhar em entender o todo.

Voltaram para a empresa com tempo suficiente para bater o cartão e se despedirem.

De repente, outro estagiário aborda Cláudio e se despede também. No entanto, tratava-se de uma despedida definitiva. Aquilo assustara Cláudio. A empresa já havia enfrentado problemas de valores com alguns executivos da alta hierarquia e logo questionou o colega:

— O que aconteceu, você foi demitido?

— Sim! E quando perguntei a razão, a resposta foi PERDEMOS A CONFIANÇA EM VOCÊ.

Os estagiários se abraçaram e desejaram sucesso um ao outro. Cláudio perguntou para si mesmo:

— Será que minha equipe e supervisores têm confiança em mim?

Mal sabia ele que seria assunto para uma instrução com um novo mentor.

CAPÍTULO 7

O MENTOR DA CONFIANÇA

A UNIÃO DE CARÁTER E COMPETÊNCIA

Ao chegar em casa após a faculdade, Cláudio ficou pensando no amigo recém-demitido. Ele estava pesaroso quanto à questão de confiança e se deu conta de que não sabia muito sobre essa palavra nem se sua equipe, principalmente os gestores, confiava nele.

A noite se passou e o dia chegou. Logo, pelo corredor da empresa, soube que haveria uma reunião dos gestores com cada estagiário para dar um *feedback* pleno, tipo 360°. A reunião estava agendada para o período da tarde e ele não sabia muito o que dizer sobre si e os resultados.

Durante o almoço, depois de ter esquentado sua marmita, Cláudio decidiu usar seu horário livre para andar pelas redondezas. Ele se sentou num banco de uma praça próxima ao trabalho. Ficou ali descansando e ponderando enquanto assistia aos pombos. Era um dia agradável para ficar ao sol, com céu azul, sem nuvem alguma.

Repentinamente apareceu uma jovem executiva e sentou-se ao lado dele. Ela disse:

— Meu nome é Sandra Costa e você é o Cláudio, certo?!

— Muito prazer, Sandra. Eu a conheço de algum lugar?

— Na verdade não, mas estou aqui para falarmos sobre o que vem preocupando você. Confiança, certo?!

— Quando é que vocês vão revelar o segredo? Aparecem do nada e parecem saber tudo de minha vida. Você deve ter bola de cristal ou ser de outro planeta...

— Quando o discípulo está preparado, o mestre sempre aparece! Nosso tempo de almoço é curto, portanto que tal irmos direto ao assunto?

— Como faço para saber se as pessoas confiam em mim?

— Naturalmente dependerá de seus critérios de confiança. No entanto, gostaria de alinhar nossas percepções e crenças quanto a essa palavra.

— Estou ouvindo você — disse o rapaz.

— Vamos imaginar dois tipos de médicos. O primeiro é muito competente, suas cirurgias são sempre um sucesso e isso explica a fila interminável de pacientes que o procuram. Todavia, já foi constatado que ele abandonou algumas cirurgias por ter outro paciente mais importante — rico ou influente nos critérios do médico —, de forma que a equipe ficara em uma situação difícil e pacientes com pouca expressão econômica ficavam desapontados, ainda que o ente querido passasse bem. Eis minha pergunta: você confiaria nesse médico para um próximo procedimento?

— Naturalmente que não! Péssimo caráter desse médico, hein?!

— O que é caráter? — perguntou Sandra.

— Eu fiz um trabalho sobre ética outro dia e me lembro de que num dos dicionários que pesquisamos estava de maneira bem simples a definição: "firmeza de vontade", ou seja, pode-se ter bom ou mau caráter. Não houve firmeza do médico em fazer o que tinha decidido fazer, mas mudou sua vontade tão logo tivesse mais dinheiro ou prestígio por atender outro paciente.

— Parece que você anda fazendo bem o dever de casa. A meu ver, Cláudio, caráter é a união de integridade e intenção. Integridade provém de integrado, conectado. Uma pessoa íntegra é aquela que é a mesma em qualquer lugar e sob quaisquer circunstâncias. Trata-se da coerência entre valores, crenças e comportamento.

— E a intenção?

— É a preocupação e atenção genuínas em relação às pessoas. Motivações ou propósitos sinceros. É agir no melhor interesse das pessoas. Quando algo não dá certo ou uma pessoa é ferida sem a intenção, fazemos questão de lembrar que foi sem querer, foi sem intenção.

— Então o médico deixou a desejar nesses dois aspectos: não foi íntegro porque disse que iria fazer algo e não o fez, além de não ter boa intenção, pois procurou o benefício próprio e não o dos pacientes.

— Pelo que vejo se uma pessoa não tiver bom caráter você não confiaria, certo?!

— Absolutamente!

— Vamos pensar no segundo tipo de médico da minha explicação. Agora que já sabemos o que é caráter, imagine que esse outro médico tem bom caráter, ou seja, tem integridade e intenção constantes, no entanto, não se atualiza muito, seus métodos são um pouco obsoletos e consta em sua ficha erros médicos que levaram alguns pacientes a óbito e outros a sequelas graves. Minha pergunta é: você confiaria nele?

— Nem para sogra que ainda não tenho!

— Por que não?

— Ele pode ser uma pessoa boa, mas se não sabe executar corretamente sua integridade e intenção de nada serve para trazer os resultados esperados.

— Será que a palavra competência descreve o que está dizendo? — questionou Sandra.

— Exato! Mas como sei se a pessoa tem ou não competência? Creio que isso será um dos pontos abordados em meu *feedback* de hoje com os gestores.

— Vamos falar mais desse médico. Ele tinha conhecimento de medicina, ou seja, o saber fazer?

— Sim, mas ultrapassado e insuficiente.

— Ele tinha as habilidades, ou seja, como fazer?

— Sim, mas ultrapassado e insuficiente.

— Ele tinha a atitude, ou seja, o querer fazer?

— Até tinha, mas com o conhecimento e as habilidades daquele jeito, melhor que não tivesse atitude alguma.

— Exatamente. Isso é o que chamamos de CHA: Conhecimento, Habilidade e Atitude.

— Fácil de gravar e entender — comentou Cláudio.

— Se faltar um dos três itens o indivíduo deixa de ter a competência necessária para executar qualquer tarefa.

— Em sua opinião, qual dos dois médicos é pior? — questionou Sandra.

— Que difícil! Não recomendaria nenhum dos dois para ninguém, mas se precisasse escolher entre o 'menos pior' escolheria o que tem caráter e não tem competência.

— Por quê? Simplesmente porque é mais fácil dar competência a ele do que caráter. Lembra-se do amigo que foi demitido?

— Sim, fiquei muito triste com a situação — respondeu o jovem.

— Ele perdeu a confiança dos seus gestores pelo caráter duvidoso. Ele trabalhava no departamento de compras e, por mais que ele tivesse errado por motivos de competência, talvez houvesse perdão, mas, quando se trata de integridade e intenção, ou seja, caráter, os líderes não pensaram muito, pois precisavam preservar os valores da empresa. É melhor contratar caráter e treinar competência. É possível corrigir competência, mas nem sempre o caráter.

— Ah, sim! Tive uma lição muito significativa sobre valores e concordo que devem ser mantidos. Do contrário, a organização perde sua identidade e sua cultura se esvai.

— Que tal continuarmos nossa conversa ao voltar para nossas empresas?

— O tempo passou e nem percebi, não devemos atrasar.

Enquanto se levantavam, Sandra pediu para que Cláudio observasse três árvores que estavam no jardim da praça.

— Cláudio, o que pode dizer sobre aquelas três árvores? — disse ela, apontando.

O jovem observou, pensou e até tropeçou por se concentrar tanto.

— Os frutos! — respondeu, enquanto se recuperava do tombo.

— Fale-me mais a respeito dos frutos...

— Uma árvore tinha frutos, a segunda não tinha e a terceira era estéril, seus frutos nunca chegam a amadurecer.

— A árvore é uma excelente analogia para a confiança. Se o caráter e intenção não forem bons não há como ter frutos bons, é como uma raiz. Geralmente você não a vê, mas é a fonte de todos os resultados. As competências por outro lado são visíveis claramente, são a copa da árvore. O que realmente importa no assunto confiança é se a pessoa tem bons frutos. Ausência de frutos ou frutos que não servem como alimentos geram suspeita, que é o oposto da confiança.

— A confiança sem dúvida é vital para uma organização.

— Mas é também o principal fator competitivo dos tempos atuais.

— Como assim? — perguntou Cláudio.

— Se a confiança é baixa em uma organização, qual será o efeito disso nos processos diários?

— Creio que tudo ficará mais lento, muito burocrático e isso é péssimo para qualquer organização.

— Se seu processo é mais lento do que do concorrente, você perderá competitividade e pagará um tributo invisível que as empresas com alta confiança não pagam.

— Nunca havia pensado dessa forma. Posso dizer então que a confiança, em outras palavras, é dinheiro.

— Isso mesmo! Se o processo for mais rápido, o que aconteceria naturalmente com os custos da empresa?

— Seriam menores também, menos auditoria, menos papel, menos pessoas para controlar, menos e-mails, menos tempo, e tempo é dinheiro!

Cláudio tirou um bloco de notas do bolso e anotou o diagrama:

↑ Confiança = ↑ Velocidade ↓ Custo

↓ Confiança = ↓ Velocidade ↑ Custo

— Que dica você me dá para meu *feedback* 360°?

— Antes de tudo, fale francamente e demonstre respeito por todos e seja transparente quanto a seus feitos. Se ficar claro que você errou, reconheça e corrija-os. Se o erro incluir membros da equipe demonstre lealdade aos ausentes e fale tudo como se estivessem presentes e, se necessário, peça que estejam presentes. Foque nos seus frutos, ou seja, nos resultados, durante a conversa. Mostre disposição para melhorar sempre. Se as circunstâncias não agradarem você, enfrente a realidade. Esse também é um bom momento para deixar as expectativas claras tanto de seus líderes quanto as de sua parte. Não seja passivo! Sua contribuição é importante para eles. O relacionamento deve ser sempre ganha-ganha.

— Só isso?! — disse o jovem sorrindo, em tom de agradecimento.

— Para finalizar, pratique a responsabilidade e escute primeiro. Afinal, é você que está sendo avaliado. Honre os compromissos que assumirá a partir desse *feedback* e escolha confiar nos gestores. É melhor confiar nas pessoas e se desapontar de vez em quando do que viver desconfiado de todos e ser infeliz.

— Obrigado, Sandra! Você me ajudou muito.

— Em breve você aprenderá mais. Afinal, você quer melhorar suas habilidades com as pessoas não é?

— Seria uma profecia?

— Você vai descobrir, mas não será mais comigo.

Sandra despediu-se com um abraço forte e disse:

— Não se esqueça de cuidar de suas raízes!

Cláudio sorriu e retornou para a empresa apressadamente para sua reunião.

CAPÍTULO 8

O MENTOR DA PERSUASÃO

AS SEIS LEIS DA INFLUÊNCIA HUMANA

A reunião havia sido produtiva. Cláudio conseguira colocar em prática todos os conselhos de Sandra. Em consequência da boa reunião com seus gestores e da avaliação dos resultados, o rapaz fora efetivado na empresa e agora contaria com novas possibilidades para progredir em sua carreira. Se por um lado estava feliz, por outro sentia um peso maior de responsabilidade.

A primeira diretriz de Cláudio era cuidar do relacionamento de pós-vendas, ou seja, relacionamento com o cliente. Era assistente júnior na organização.

Ele recebera uma lista de clientes insatisfeitos e cujo relacionamento com a empresa estava desgastado. Eram clientes que por diferentes razões se tornaram detratores da empresa e maus pagadores também. Como ele poderia ser eficaz em reestruturar o relacionamento com esses clientes?

Ao tomar seu rotineiro ônibus para a faculdade, reparou que um jovem ao lado, que usava um jaleco branco, estava lendo um livro. Para não parecer indiscreto, Cláudio levemente virou os olhos para identificar o conteúdo, mas somente conseguira ver a palavra persuasão.

Subitamente o jovem leitor colocou o livro na mochila antes que Cláudio percebesse o título, levantou-se e entregou a cada passageiro um folheto, começando pelo último até os da dianteira do ônibus. O jovem trocou meia dúzia de palavras com o motorista e se dirigiu aos passageiros que naquele momento representavam cerca de 40, a maioria sentada, e outros poucos em pé.

Com sorriso no rosto, o desconhecido de jaleco se projetou a falar com o público naquele ônibus que incluía Cláudio. Eis a abordagem:

— Boa tarde, colegas passageiros!
Meu nome é Renato Cabral
E sou um estudante fenomenal.
Tomo a liberdade de lhes falar,
Pelo simples motivo de conscientizar.
Neste folheto que lhes estou a passar
Não terão de por ele pagar,
A menos que seu coração por fim desejar.
Muitos acreditam saber tudo sobre DST.
Quais são os quatro líquidos que transmitem HIV?
Sangue, sêmen, secreção vaginal e leite materno.
Outras informações estão à sua disposição
Quisera eu ter mais tempo para instrução.
Leia com atenção esse meu presente.
E, se julgar prudente, conto com sua contribuição
Para que eu finalize minha graduação.

Daí o jovem começou a recolher as doações uma a uma com uma sacola de papel em que estava escrito: RECURSOS PARA EU REALIZAR MEU SONHO. Alguns poucos tentaram lhe retornar o panfleto, mas ele insistia que era presente. No entanto, a maioria das pessoas se sentia no dever de retribuir ao jovem orador. Mesmo Cláudio, que assim como o rapaz, tinha suas economias muito restritas, não resistiu e foi generoso com ele, não somente pela excelente apresentação, mas também pela admiração.

Cláudio observou consigo:

— A maioria das pessoas pede ajuda, contam suas histórias dramáticas do tipo: estou desempregado, estou doente, meu filho passa por necessidades etc., com a esperança que façamos algo. Mas ele encontrou uma forma de partilhar para então receber. Ao contrário da maioria, ele inspirou as pessoas, as ensinou e as conquistou.

Cláudio foi o último a ser abordado pelo jovem de jaleco branco e com uma alegria estranha deu cinco reais para o colega passageiro que recebeu sorrindo e se apresentando:

— Obrigado pela generosidade! Você já sabe meu nome e o seu suponho ser Cláudio, certo?!

Cláudio sorriu e disse:

— Tenho a impressão que querem me mostrar uma lição: que um mentor pode aparecer em qualquer lugar, desde que estejamos dispostos a ver, olhar e aproveitar?

— Está pegando o jeito, Cláudio. Sofia disse que você aprende rápido, e isso será ótimo visto que ficaremos alguns poucos minutos nesse deslocamento rumo à faculdade. Sandra disse que você estava prestes a ter uma experiência significativa no trabalho. Foi promovido?

— Sim. Mas que tal falarmos de você?

— Eu percebi seu olhar curioso enquanto eu lia.

— O que você faz da vida?

— Sou aluno de Medicina. Por estudar a manhã toda e ficar no hospital à tarde, tenho poucos recursos. Minha família está longe e tem o suficiente para eles. Tal como você, preciso pagar aluguel e comida para usufruir de minha bolsa de estudos.

— Mas de onde saiu essa ideia? Refiro-me a sua abordagem de ensino de agora pouco.

— Esse será o assunto de nossa conversa: persuasão.

— Sem dúvida alguma você influenciou poderosamente hoje as pessoas aqui, inclusive a mim.

— Vamos discutir como isso ocorreu. O que mais chamou sua atenção durante minha apresentação?

— Senti uma alegria estranha ao lhe dar os cinco reais que seriam tão importantes para mim quanto para você.

— E o que o levou a fazer isso?

— Percebo que praticamente me senti no dever de fazer isso. Afinal, você me deu um presente e ainda me instruiu, revelou minha ignorância.

— Vamos por partes. Esse dever que as pessoas sentem em querer retribuir algo é uma das leis da influência humana. Trata-se da lei da reciprocidade. Isso explica o porquê de sentirmos o dever de retribuir quando alguém nos faz um bem.

— Mas como conseguiu a aprovação do motorista?

— Eu ofereci um motivo nobre a ele. Quando apresentamos nossos motivos às pessoas elas geralmente dizem sim.

— Onde aprendeu essa técnica?

— Ela não é nova. A Sociedade dos Hare Krishina, uma seita religiosa oriental, também usa essa ferramenta. Eles experimentaram crescimento expressivo na América dos anos 1970, mas passavam por dificuldades financeiras, assim como eu.

— Mas você não fez como eles. Geralmente eles saíam cantarolando e solicitando contribuições. Assisti a um documentário sobre eles e vi que não pareciam conseguir muitos resultados.

— É verdade, mas eles mudaram a abordagem por meio da lei da reciprocidade. Passaram a oferecer um brinde, um livro, geralmente Bhagadav-Gita, uma revista da Sociedade chamada *Back to Godhead* ou mesmo uma simples flor. O resultado foi muito maior naturalmente.

— Por esse motivo as pessoas declaram a frase popular "é dando que se recebe", certo?

— Sim. Do meu modo eu criei essa lei aqui.

— Eu percebi que se eu não retribuísse estaria sendo aproveitador e ingrato com você, e, acredite, ser rotulado dessa forma é algo que ninguém de bom senso deseja — disse Cláudio.

— É por isso que a reciprocidade é tão forte. Ninguém deseja esses títulos, seja de aproveitador ou ingrato. Mas vale atentar que em relacionamentos de longo prazo, como na família, a reciprocidade pode até ser indesejável e desnecessária.

— Entendi! Não dá para usar a técnica pela técnica, mas por um propósito nobre. Algo em que acredite e/ou algo de confiança, com caráter e competência.

— Isso mesmo! Eu defini minha missão de vida, Cláudio, e compete a mim ajudar as pessoas. Fico contente quando muitos confiam no meu trabalho, veem que faço de forma íntegra e intencionalmente transparente com o intuito de propagar o conhecimento e angariar recursos para que eu tenha condição de me formar e ajudar muitas outras pessoas de maneira mais expressiva pós-formatura.

"Ao descrever as pressões sociais na cultura humana em torno do processo de presentear, afirmo que existe uma obrigação para dar, uma obrigação de receber e uma obrigação de retribuir."

(MARCEL MAUSS)

— Mas vez por outra alguém pode julgar suas intenções.

— Isso sempre ocorrerá, mas você deve ter a convicção de sua causa e se certificar de que ela gera resultados claros, como no caso de minha abordagem — é a conscientização das pessoas para que não contraiam doenças e se cuidem. Isso é bom para elas e para a sociedade como um todo e naturalmente para mim. É ganha-ganha.

Renato Cabral continuou:

— O segundo fator observado na persuasão é a necessidade de as pessoas serem coerentes com aquilo que falam e fazem. Todos querem ser coerentes, afinal, a incoerência é vista comumente como um traço de personalidade indesejado.

— Nem me fala! Em minha reunião foi o que tentei mostrar para meus gestores o tempo todo, do contrário jamais receberia minha promoção.

— Você já percebeu por que traçar metas é tão importante e funcional?

— Eu sempre soube que pessoas eficazes estabelecem e cumprem metas. Tornam-se bem-sucedidas. Mas fazem isso pelo ímpeto em alcançar o resultado, não?!

— Na verdade trata-se do desejo de sermos coerentes com aquilo que dissemos que faríamos. Ao estabelecer um marco e compartilhar com as pessoas você fica emaranhado na segunda lei da influência humana, que é o desejo ardente de ser coerente com o compromisso assumido.

— Espere! Acho que entendi o que quis dizer. Tive uma amiga que não conseguia largar o cigarro. No entanto, seu orgulho era tão forte quanto seu vício pela nicotina. Ela fez uma lista de pessoas — e eu era uma delas — que ela estimava e respeitava e comunicou a cada um que pararia definitivamente com o tabaco. Naturalmente ela não queria nos decepcionar e praticamente deixou de fumar na marra devido ao seu compromisso de ser coerente. Talvez ela tenha percebido essa lei da coerência. Acho que seria prudente de minha parte traçar uma meta e divulgar o máximo possível, assim, eu teria mais energia para alcançar, pois a consequência de parecer incoerente em meu círculo de influência seria gigantesca. Se eu não fizer por amor, farei pela dor — respondeu Cláudio.

Renato pensou consigo:

— *Esse jovem tem potencial, pega rápido as coisas e consegue fazer analogias coerentes.*

O ônibus passava por uma grande praça que tinha uma alta seringueira no centro. Renato aponta para árvore indicando a Cláudio e fala:

— Observe aquela árvore.

— Aquela famosa seringueira central?

— Sim! Imagine se 10 pessoas ficassem paradas embaixo dela olhando para cima. O que naturalmente ocorreria com as pessoas que passassem pela praça?

— Ah, fácil essa, hein? Ninguém resiste! Todos dão uma olhadinha para ver o que todos os outros estão observando — respondeu Cláudio.

— Essa é a forma mais simples de entender a aprovação social. Se muitas pessoas olham para uma mesma direção, é porque tem algo relevante lá e deve ser verdade. E consequentemente todos terão a tendência de fazer igual.

— Huuum... tipo a voz do povo é a voz de Deus? Por exemplo, se a maioria faz então deve ser uma boa ideia?!

— Deixe-me dar mais um exemplo. Certa vez eu li em uma revista de negócios que um consultor havia ajudado determinado governo a melhorar a arrecadação dos impostos com essa simples ferramenta. Em vez de encaminhar cartas com ameaças de cortes de benefícios do governo por não pagarem ou prestarem conta sobre os impostos, mandaram uma carta com um número real de algo em que a maioria de seu bairro obtinha num dos fatores de sucesso julgado por eles. Mais ou menos assim: "Prezado Cidadão, mais de 95% dos cidadãos residentes desse bairro estão em dia com os impostos. Temos uma proposta para ajudá-lo a regularizar o seu também. Aguardamos seu contato".

— E o resultado? — perguntou o aprendiz.

— Incrivelmente satisfatório! A arrecadação deu um salto, pois a aprovação social é muito forte.

— Tão simples assim?

— Claro! Veja como também ocorreu com um jovem amigo dentista. Ele se juntou a seus irmãos mais velhos que já haviam montado os próprios consultórios. Naturalmente os pacientes queriam seus irmãos e, quando percebiam somente ele como opção e que a agenda estava vazia, ficavam inseguros e preferiam esperar meses pelos irmãos mais velhos. Estava claro que ele era recém-formado. E quem gosta de ser atendido pelos novos diplomados? Então ele teve uma ideia. Pediu que a secretaria anotasse em sua agenda vários nomes de pessoas da família — que naturalmente não pagavam — e pessoas a quem propunha fazer trabalho voluntário. Quando aparecia um cliente querendo seus irmãos, mas sem vagas, a secretária comentava que ele também estava cheio, mas que poderia remanejar uma pessoa visto que era da família. Naturalmente os pacientes aceitavam prontamente, afinal, se ele tem muitos pacientes é porque também é muito bom. Viu só? Aprovação social! Meu amigo era competente, mas sem uma afirmação social não seria reconhecido na velocidade em que precisava. Dentre os irmãos ele é o mais procurado até hoje.

Subitamente Renato se levantou e deu o sinal. Eles desceriam juntos no mesmo ponto por causa da faculdade. Foram até um restaurante e passaram rapidamente pelo banheiro para lavar as mãos antes da refeição. Cláudio observou uma mensagem no porta-papel: "Apenas duas folhas são o suficiente". Daí não resistiu e compartilhou com Renato:

— Veja, Renato! Aqui está uma oportunidade para aplicar o conceito que compartilhou. Se aqui existisse uma mensagem do tipo "97% de nossos clientes são ecologicamente corretos e usam apenas uma folha" a economia seria tremenda, não acha?!

— Sem dúvida! Desde que a pesquisa revelasse uma realidade, que não fosse inventada simplesmente. Não se esqueça, Cláudio: 95% das pessoas são imitadoras e apenas 5% iniciadoras. Elas são mais persuadidas pelas ações dos outros do que por qualquer prova que possamos oferecer.

A dupla universitária então procurou um local para se sentar e degustar o jantar antes de começar a aula. Cláudio interrompeu:

— Outro ponto que observei de sua apresentação no ônibus foi que rapidamente você se conectou. Acho que não causo essa mesma impressão nas pessoas, não sou muito do tipo vendedor...

— Esse seu comentário nos leva ao quarto ponto da influência humana: a afeição. Simplesmente gostamos de umas pessoas muito rapidamente e de outras não.

— Existem pessoas que fazem com que gostemos delas, é impressionante! — disse Cláudio.

— Quais são os fatores que fazem uma pessoa gostar de outra pessoa? Já se perguntou isso?

— Sempre me preocupei com isso...

— A primeira delas indubitavelmente é a atração física. Pesquisas mostraram que atribuímos automaticamente a pessoas de boa aparência traços favoráveis, tais como talento, gentileza, honestidade e inteligência.

— Bonito é igual a bom?! Talvez seja por esse motivo que nossos treinamentos em vendas são repletos de dicas de boa aparência.

— Outro fator da afeição natural que atrai as pessoas é a semelhança. Gostamos de pessoas que sejam semelhantes a nós.

— Espere um pouco! Acho que tenho algo para reforçar o que está dizendo.

Cláudio abriu a mochila e tirou um jornal de veiculação gratuita e mostrou uma reportagem ao colega mentor. Disse ele:

— Dê uma olhada nessa pesquisa feita em nossa universidade por alguns estudantes de Psicologia. Quando uma pessoa vestida com roupas descoladas pedia emprestado o celular de outra pessoa vestida da mesma forma para ligar para casa, mais de 2/3 emprestavam. No entanto, quando pessoas com roupas mais formais pediram, tiveram menos da metade de aprovação.

— Muito interessante! Você percebe como esses assuntos da persuasão estão em todos os lugares?

— Agora vejo e olho!

— Observe que suas circunstâncias não mudaram, mas você mudou. A maioria tenta mudar suas circunstâncias, seu meio, seus recursos, mas bem poucos querem mudar a si mesmos, e é aqui que mora nossa oportunidade.

— Você tem mais algum exemplo sobre a semelhança? — questionou Cláudio.

— Sim, um pesquisador certa vez examinou as estatísticas de vendas de uma seguradora e descobriu que os clientes ficavam mais inclinados a comprar seguros quando o vendedor tinha idade, religião, convicções políticas e hábitos tabagistas semelhantes aos dele.

— Eu tive um treinamento sobre leitura corporal tempos atrás e percebo que é muito comum que alguns vendedores imitem nosso comportamento para que tenhamos a impressão de que são semelhantes a nós e tenhamos o ímpeto de comprar deles — comentou o aprendiz.

— Outro fator que auxilia na lei da afeição é o elogio.

— Isso explicaria o porquê de "puxa-sacos" ainda sobreviverem?

— E provavelmente jamais deixarão de existir, pois a maioria adora adulação. Tendemos a acreditar nos elogios e a gostar daqueles que nos elogiam.

— Caramba! Agora sei por que sempre ajudava uma colega de classe do primeiro ano da faculdade. Eu sempre estava atolado, mas acabava despendendo um bom tempo para ajudá-la com seus trabalhos. Ela sempre me abordava da seguinte maneira: "Cláudio, visto que você é especialista em sintetizar um texto, poderia me ajudar..." ou, às vezes, "soube que você se destaca como monitor ao tirar dúvidas, poderia me auxiliar com uma questão que não consigo solucionar?". E lá ia eu ajudar a amiga. Eu não entendia por que não conseguia dizer não a ela. Agora acho que entendo...

— *A afeição realmente é poderosa* — pensaram os dois universitários enquanto saboreavam a refeição antes de começar a aula.

De repente, juntou-se a eles Ricardo Cardoso, outro estudante, que logo foi inquirindo Cláudio.

— Muito prazer, Cláudio, como está a lição?

Cláudio ficou observando e mastigando apenas tentando entender enquanto entreolhava Ricardo e Renato. O mais recente visitante continuou:

— Visto que estão comendo, posso continuar a instrução sobre persuasão? De onde pararam?

— Acabamos afeição... — respondeu Cláudio.

— Muito bem! Isso nos leva para a quinta regra da persuasão — ou influência: a autoridade. Observe que há uma tendência natural das pessoas respeitarem em demasia o fato de o indivíduo ser um especialista na área.

— Tipo uma obediência cega? — interrompeu o aprendiz.

— Isso mesmo! Sabe-se que a maioria das pessoas e profissionais da área da saúde geralmente não questiona uma prescrição dos médicos. Afinal, são eles quem têm autoridade para prescrever. Entretanto, essa submissão automática pode gerar constrangimentos estranhos ou até problemas mais graves.

— Tipo o quê? — Cláudio quis saber.

— Deixe-me exemplificar por meio de um caso que ouvi recentemente nos EUA. O médico prescrevera um medicamento em gotas para um paciente que estava com dor e infecção auricular. Porém, em vez de escrever *right ear* — ouvido direito — na receita, ele abreviou para *r ear* — *rear* = nádegas. Ao receber a receita, a enfermeira que estava de plantão aplicou o número de gotas no ânus do paciente.

Cláudio derrubou o refrigerante que tomava quando ouviu o relato que fez todos rirem. Depois de se limpar e recuperar, completou:

— Mas nem o paciente falou nada? Afinal ele estava com dor de ouvido!

— Eis a lei da autoridade em ação. Se a pessoa tem autoridade, as pessoas nem questionam. Lembre-se: trata-se de um especialista.

Renato e Cláudio se despediram de Ricardo e começaram a subir as escadarias para a primeira aula da noite. O futuro médico tinha apenas poucos instantes para terminar a tarefa de “mentoriar” Cláudio. Ele finalizou:

— Por que carros antigos muito bem conservados custam tão caro?

— Porque não são mais produzidos. É difícil de encontrar um semelhante.

— Perfeito! Essa é a última lei da influência humana: a lei da escassez. Dê-me um exemplo de aplicabilidade disso...

— Quando pequeno colecionava figurinhas – respondeu Cláudio – lembro-me de oferecer quantia em dinheiro ou até mesmo outros bens valiosos, que para uma criança pode ser qualquer brinquedo, em troca de algumas muito raras para terminar meu álbum. Já li que algumas figurinhas raras e antigas de baseball nos EUA são vendidas por milhares de dólares. Impressionante!

— Somos atraídos pelas oportunidades que parecem mais valiosas quando estão menos disponíveis. Nossa conversa encerra por aqui. Motivado para a aula?

— Nem um pouco!

— Então você vai adorar conversar com Dionízio Venâncio, o mentor da motivação.

CAPÍTULO 9

O MENTOR DA MOTIVAÇÃO

COLOCAR NÃO, DESTAMPAR SIM

O despertador soa mais uma vez. Olhos abertos, mais um dia de rotina e Cláudio pensava sobre seus desafios. Se por um lado estava satisfeito, com o turbilhão de informações associado à promoção, por outro, refletia muito sobre seus mentores.

Pronto para o trabalho, ele abre a porta e encontra um objeto em cima de seu tapete de entrada. Era um cubo mágico e sob este um envelope, que o jovem logo abriu e conferiu a seguinte mensagem:

— *Um presente para você! O que vai fazer com ele?*

Cláudio descobriu que o bilhete não tinha nome. Jogou o envelope no lixo e manteve o objeto nas mãos enquanto corria escada abaixo para não perder o horário. Chegou em cima da hora ao ponto e pegou ônibus lotado — espremeu-se mais uma vez para entrar. Ele quase não se mexia e, quando manteve um pouco de inércia, algo que é quase impossível na hora do rush, começou a mexer no cubo mágico com a intenção de resolvê-lo. Girou para lá, girou para cá e aos poucos conseguiu montar parte das cores. Foi quando reparou que um dos lados era branco e tinha algumas palavras pequenas na cor preta. Pensou ele:

— *Vou deixar essa por último. Afinal, seguir as cores sem palavras é muito mais simples e fácil. Por enquanto é o que consigo fazer.*

Ao chegar à empresa, pensou que o presente poderia ser mais um truque dos mentores que surgem do nada. Passou o crachá e atravessou a catraca em direção ao elevador que, sem paradas, levava 20 segundos para chegar até o andar onde trabalhava. As portas se abriram e, quando olhou no espelho, descobriu um banner com uma pergunta e uma observação:

"Um tijolo pesa um quilo mais meio tijolo. Quanto pesa o tijolo?
Obs.: se acertar o resultado ganhará um vale de cem reais. Mas se errar tiramos cem reais do seu salário. Tem de dar a resposta assim que sair do elevador.

Cláudio pensou, refletiu, sabia que tinha poucos segundos, mas logo desistiu porque preferia não correr o risco de ser punido financeiramente. Quando chegou ao andar de destino as portas dos elevadores se abriram e ele se deparou com um homem muito alto que rispidamente lhe fitou nos olhos e perguntou:

— Quanto pesa o tijolo?

— Prefiro não responder!

— Por que não? Você vai ganhar cem reais.

— Muito arriscado. Deve ser pegadinha da empresa para cortar custos.

— Está com medo?

— Um pouco.

— Queira me acompanhar agora!

Saíram os dois pelo corredor. O jovem universitário não estava entendendo muita coisa. Entraram em uma sala onde estava o gestor geral. Assustado, Cláudio foi convidado a se sentar e logo foi inquirido pelo superior:

— Cláudio, o que você faria com a sua vida se tivesse tempo e recursos ilimitados?

— Posso pensar um pouco para responder?

— Pensar significa que vai construir algo que ainda não está claro para si.

— Bem, não é isso, é que fui pego de surpresa.

— Então compartilhe conosco, o que você faria?

Aceleração cardíaca, pressão aumentada, sudorese e tensão. Todo o sangue foi para as suas extremidades. Bater ou fugir é o reflexo natural da região do cérebro mais primitiva, conhecida como reptiliano. O que dizer se realmente nem sabia o que fazer com possibilidades ilimitadas?!

Após alguns instantes de silêncio, o gestor interrompe:

— Dionízio! Apresente uma nova proposta para nosso querido universitário.

— Aquela irrecusável?

— Essa mesma! E não se esqueça de levar o broto de bambu.

— Cláudio, queira me acompanhar.

Dionízio e o aprendiz deixaram a sala do superior e dirigiram-se para a sala do jurídico onde fariam um acordo formal. Dionízio continuou:

— Eis nosso acordo: você receberá um salário de cinco mil reais a partir de hoje para fazer o trabalho que lhe darei, independentemente de qual seja a tarefa. Se disser sim, é só assinar que já começamos. Existem duas cláusulas atípicas nesse contrato e ambas são referentes à rescisão. Se você quiser desistir do trabalho e não pagar nenhuma multa, poderá fazê-lo até o segundo dia de serviço. Se desistir a partir do terceiro dia, gerará uma multa de duas vezes o valor de seu salário, ou seja, dez mil reais. Criamos essa condição para que não tenhamos de recontratar, e por conseguinte diminuir nosso *turnover*. O que me diz?! Fechado?

Se por um lado o jovem aprendiz ficou apreensivo, pelo outro sentia grande alivio. Afinal seus recursos estavam restritos demais para suas necessidades.

— *Por que não tentar?!* — pensou ele.

Então respondeu a Dionízio:

— Negócio fechado! Quando começamos?

— Imediatamente! Assine e siga-me, por favor.

Ambos saíram da empresa e se dirigiram a um terreno amplo que fazia parte do patrimônio da companhia onde trabalhavam. Era um lugar vasto e bonito repleto de plantações de grãos — trigo e milho em sua maioria. A estrada de terra principal que levava ao local de destino continha três arcos rústicos de madeira e muito antigos que continham uma placa que só era possível visualizar sua inscrição ao voltar, visto que pelo retrovisor não dava para ler devido à poeira. Além disso, ele observou que na estrada havia coqueiros de um lado e bambus do outro até determinada altura do caminho. Cláudio achou curioso, mas não comentou nada a respeito.

Desceram da camionete e foram para a beira da estrada, próximo a brotos de bambu chinês, Dionízio pegou uma pá, entregou nas mãos de Cláudio e instruiu:

— Esse é seu trabalho, comece a cavar.

— Mas aonde?

— Aqui mesmo. Eu ficarei supervisionando você. Pare de fazer perguntas e comece logo.

— Tudo bem. O que faremos nesse buraco? Não há necessidade de fazer um tão grande se formos plantar bambu! Acredite, sei um pouco sobre isso.

— Por que deseja saber?

— Quero saber com que estou contribuindo...

— Qual a relevância disso? Estou lhe pagando muito bem para fazer mais, e mais rápido. Que tal focalizar no buraco? Assim não desperdiçará o tempo com perguntas.

Cláudio franziu a testa e começou a trabalhar mais rápido. Sua camisa social em pouco tempo estava encharcada de suor, estava sedento em poucos minutos e o sol não dava trégua alguma, céu sem nuvens. Horas se passaram até que Dionízio interrompeu.

— Pare de cavar! Comece a tapar o buraco. Assim que terminar pegamos a estrada e voltamos.

— Mas não vai dar tempo! Tenho prova na faculdade! Hoje não posso atrasar!

— Esse não é meu problema.

— Não acredito que entrei nesta furada!

— Vai desistir tão cedo assim?

— Desculpe a sinceridade, mas cavar e tapar para quê? Francamente, não há propósito nisso! Não vejo motivo para fazer isso, ainda que seja por um bom salário. Para mim o contrato está encerrado!

— Compreendo, mas eu tenho os motivos.

— Então me fale quais são.

— Um deles é afofar a terra.

— Mas você poderia contratar uma escavadeira por um preço menor e alcançar mais resultados. Não seria mais prudente e inteligente? Para mim acabou! Vamos embora — disse o aprendiz.

— É verdade. Mas com a escavadeira, eu não conseguiria ensinar nada a você. Continue trabalhando enquanto conversamos. Você queria saber os motivos que me levaram a fazer esse buraco, meus motivos para ação, ou seja, motivação. Pergunto: motivação é interna ou externa?

— Acho que ambas. Acho que as pessoas têm seus motivos e que motivamos uns aos outros.

— Eu lhe dei uma grande motivação para trabalhar aqui, no caso, um excelente salário, e mesmo assim você não parece muito satisfeito. Percebo que ao lhe dar motivos externos ou extrínsecos para você agir, não gerou felicidade.

— Correto! Ainda mais nessas condições.

— E o que aprendeu com isso?

— Que motivação é interna?!

— A verdadeira motivação é intrínseca, está dentro de cada um de nós. Em minha opinião, ninguém motiva ninguém, você pode inspirar os outros em qualquer aspecto, mas os motivos estão sempre lá. Sem motivação, como no seu caso ao cavar e tapar esse buraco, é necessário um supervisor todo o tempo ao seu lado, para lembrar que você precisa fazer o combinado, não por que deseja, não pelos seus motivos, mas pelo dinheiro, pelo status, prestígio, ou qualquer outro fator externo.

— Então nosso CEO quis saber qual era minha motivação intrínseca quando fez aquela pergunta sobre recursos ilimitados e tempo de sobra?

— Isso mesmo.

— Então suponho que ele queria saber o que eu faria até de graça, certo?! Afinal, com muito dinheiro e tempo, exceto pelo entretenimento, eu deveria saber o que desejo fazer para contribuir e fazer a diferença na vida das pessoas de forma voluntária. Acho que ao responder essa pergunta eu estaria colocando para fora minha motivação intrínseca. Isso é o que ele queria saber e não entendi sua pergunta... Bem, uma coisa é certa, fazer buracos e tapá-los apenas para afofar a terra não seria um trabalho motivador para mim e acho que para quase ninguém. No entanto, acho difícil alguém querer fazer um trabalho extraordinário de graça. Não parece fazer sentido neste mundo capitalista e competitivo...

— Seu ceticismo quanto a essa pergunta é comum nos dias atuais e esse paradigma pode ser alterado ao ver casos verdadeiros. Por exemplo, a primeira enciclopédia digital foi obra da Microsoft. Sua intenção era contratar os maiores especialistas em conteúdo para formatar um CD-ROM com todas as informações, vendê-las e depois disponibilizá-las na internet. Consegue imaginar a complexidade desse trabalho e quanto investimento seria necessário? E lá se foram tempo e dinheiro da Microsoft que encerrou em 2009 as atividades desse projeto, chamado de MSN Encarta. Por que fizeram isso?

— Seria por causa da Wikipédia? Conheço essa enciclopédia digital e tenho um aplicativo no meu smartphone.

— Alguma vez você pagou pelo Wikipédia?

— Não.

— Sabe quem produziu?

— Muitas pessoas de diversos lugares do mundo e que ainda continuam produzindo...

— Quanto elas ganharam pela contribuição, você sabe?

— Suponho que nada.

— Com aproximadamente oito anos de vida, a Wikipédia contava com mais de 13 milhões de artigos em 260 idiomas diferentes. Embora ainda seja difícil de explicar, gerou um resultado extraordinário, não?!

— Terminei de tapar o buraco! Vamos?!

— Claro! Se não vai perder sua prova. Mas antes pegue esse pequeno broto de bambu chinês e plante antes de sairmos. Como disse anteriormente, afofar a terra era parte do propósito de cavar e tapar.

Enquanto plantava Cláudio percebeu que havia outros brotos ao seu lado, fazendo uma linha paralela com a estrada. Dispôs-se a contar rapidamente e percebeu que o seu broto era o 25º — a partir do 26º já eram bambus grandes. Do outro lado da estrada o número de coqueiros era mais abundante. Ficou curioso e perguntou a Dionízio:

— Percebi que há mais coqueiros do que bambus na estrada. E que meu broto plantado corresponde ao 25º. Lembro-me que levam cerca de cinco anos para espalhar suas raízes e finalmente crescer. Tem algum significado isso?

— Tem sim! Parece-me que o CEO estava certo em lhe dar a muda de bambu. Entre na camionete, vou lhe explicar.

Após o broto ser plantado, partiram. Para chegar à empresa levariam uns 30 minutos. Dionízio puxou dois cocos do banco de trás. Pegou um facão e os cortou com maestria fazendo um furo perfeito. Pegando canudos lacrados no porta-luvas, a dupla iniciou o retorno se reidratando e conversando. Cláudio agradeceu:

— Obrigado, Dionízio! Esses cocos são daqui?

— Não, os coqueiros daqui não dão coco.

— Por quê?

— Estão no terreno e clima não condizentes com sua frutificação.

— Quem planta os coqueiros?

— Todos aqueles que dispensamos da empresa e que não alcançaram as metas vivendo nossos valores. Eu fico imbuído pelo CEO de demitir e promover as pessoas. Decidimos em conselho o desempenho e potencial de cada um e por fim qual broto será dado à pessoa. Pessoas que recebem mudas de coqueiro são conformistas, trabalham por trabalhar, apenas para pagar as contas, nem se perguntam por que estão cavando e tapando. Elas vêm até aqui e depois de um tempo do processo de ganhar bem cavando e tapando, desistem do contrato e trabalham dois meses para pagar a multa de dez mil reais. Daí vão embora, mas antes, em seu último dia, plantam finalmente seu coqueiro.

— Agora sei por que nossa empresa também é dona de uma empresa de paisagismo e grãos.

— Isso mesmo.

— Mas isso dá muito trabalho, não?

— Sempre dá! Encontrar pessoas motivadas não é simples. Preferimos despender mais na contratação do que demissão. Por isso temos uma cultura de "todos querem trabalhar aqui". Todos os estagiários que foram promovidos a analistas, mas que não se adaptaram ou alcançaram o resultado prometido, são como esses coqueiros: bons, fortes e bonitos. Mas parecem não ter compreendido o clima da empresa ou parecem estar no terreno inapropriado para gerarem seus frutos. Daí, nossa intenção é deixar uma lição de vida para que eles possam seguir outros caminhos. Ou seja, que precisam encontrar sua motivação em outro terreno e clima. Nossa crença e sugestão é que não se deve contentar com o salário e trabalhar sem o coração. Apreciamos os questionadores, os que têm brilho nos olhos. A esses damos a muda de bambu.

— Eu fico lisonjeado, mas pelo que me consta o bambu não gera frutos — comentou Cláudio.

— Não comemos bambu, mas o que fazemos com ele?

— É alimento para animais, pode ser usados para construir casas, cabanas ou cercas, também pode ser utilizado para decoração e até para fazer pipas, entre outras coisas...

— A essência do bambu está na própria utilidade.

— E os 25 brotos?

— Você deve lembrar que, quando plantamos, não vemos nada por cinco anos, porque suas raízes vão penetrando na terra e se emaranhando para criar força. Depois disso, ela cresce, e rápido, devido a dois fatores principais: fibra para chegar mais alto e flexibilidade para tocar o chão. Ninguém consegue retirá-las pelas raízes! Fibra para crescer, flexibilidade nas tempestades, força e paciência para jamais serem arrancadas de suas motivações, que são internas.

— Então, pelos meus cálculos vocês promovem cinco pessoas por ano.

— Isso mesmo, e neste ano você foi o último — respondeu Dionízio.

Mas Cláudio já havia sido promovido recentemente. Será que se tratava de outra promoção? Preferiu se calar e ouvir mais. Afinal, poderia ser muita pretensão de sua parte.

Assim que terminou a bebida, o veículo alcançou o primeiro arco de madeira que, sem poeira, Cláudio conseguiu ler a palavra esculpida artisticamente: **Autonomia**. Pararam a caminhonete, desceram próximo de uma fonte de água natural em que Dionízio, após lavar o rosto, as mãos e os cabelos, explicou:

— Observe que no lado direito do arco estão talhadas árvores mortas e tombadas, que foram afligidas pelo fogo ou furacões e não sobreviveram. No final, na base do arco, encontra-se um poço com uma descrição *no water* — sem água.

Curioso, o jovem aprendiz se deslocou para a outra metade do arco, o lado esquerdo, e descobriu outro tipo de arte. Dessa vez, com árvores majestosas, bambus e outros tipos de madeira imperial. Para sua surpresa, na base estava esculpido um poço com a descrição *no water* — sem água. Não parecia fazer sentido. Inquiriu Cláudio a Dionízio:

— Não está certo. Em ambos os lados não há água no poço e de um lado há árvores majestosas e belas e do outro, não.

—Autonomia é assim. A nossa crença é que não deve haver fonte externa de motivação para você sobreviver em nossa empresa. Nós damos total autonomia aos colaboradores e somente aqueles que compreendem que sua fonte de motivação está em seu interior, nas próprias raízes, conseguem sobreviver à pressão, aos vendavais ou ao fogo do dia a dia.

— Faz sentido.

— A priori, milhares de anos atrás, a motivação era de sobrevivência. Acordávamos pela manhã com a missão de caçar e evitar ser caçados por predadores. Num segundo momento, principalmente no último século — na era industrial —, buscávamos recompensas e evitávamos a punição, também conhecida como a era da cenoura e do chicote. Tais motivações já estão ultrapassadas. Empresas que trabalham assim estão deixando de existir ou perdendo seus maiores talentos. A motivação é um composto formado por três ingredientes e a primeira você já descobriu.

— Como vocês definem autonomia?

— Expressamos por meio dos quatro Ts: Tarefa, Tempo, Técnica e Time — explicou Dionízio. — **Tarefa**: damos autonomia para o colaborador decidir o que fará, a tarefa que está relacionada diretamente com nossos indicadores-chaves. Seguimos o conselho de William McKnight: "contratamos bons funcionários e os deixamos livres". **Tempo**: você não ganha por hora como nas outras empresas. A gestão do tempo é por sua conta. Sabemos que você está bem por não ficar trabalhando mais tempo, mas como usa esse recurso e os resultados que trazem dele. Resumindo: gestão por resultados e ponto final. **Técnica**: nada de scripts preestabelecidos, nada de atendimento padronizado, mas sim atendimento personalizado. Não atendemos cliente, entendemos clientes. Acreditamos que a união de suas competências, personalidade e caráter são os componentes para usar a própria técnica e deixar o cliente satisfeito. Por exemplo: muitos de nossos atendentes de call center trabalham em casa e em sua maioria são mães ou portadores de necessidades especiais. Acredite, eles dão um show! **Time**: você recebe a oportunidade de criar a própria equipe e conceder essa mesma filosofia a eles.

— Impressionante! Vou me lembrar disso.

— A mensagem é simples. Se as pessoas gostam de ser controladas para gerar resultados, damos a elas uma carta de recomendação para trabalhar em nossos concorrentes. Vale lembrar que promovemos apenas cinco por ano para trabalharem diretamente com a liderança.

A incógnita surgiu novamente. *Será que havia mais uma promoção?* Cláudio segurou a ansiedade e escolheu a paciência.

Partiram para a empresa até que Cláudio avistou o nome do segundo arco esculpido à mão em madeira rústica. Dessa vez, com a palavra: **Excelência**. Na base de cada arco havia duas outras palavras circundadas de ferramentas diversas, como martelos, alicates, trenas, serrotes, tornos, bigornas, canetas, bisturis, entre outras. Todas as ferramentas se repetiam e estavam misturadas, exceto por uma totalmente atípica que Cláudio percebera e logo inquirira seu mentor:

— **Desafios** numa base e **Habilidades** noutra. Observei várias ferramentas sortidas e aleatórias, mas somente uma, acima dessas palavras, que não compreendi. Parece um "X" com a letra "I" no meio, parecido com um asterisco.

— Trata-se do *tripalium*, aceito por parte da comunidade linguística como um instrumento de tortura. Era usado para punir escravos amarrando-os em pé com as pernas abertas e os braços erguidos. Dizem também que a origem da palavra trabalho é *tripalium*. Sugestivo, não acha?!

— Para muitos funcionários ainda há essa perspectiva de que ir para o trabalho é uma punição.

Molhando novamente a nuca na fonte próxima ao arco Dionízio inquiriu:

— Você se recorda de algum trabalho em que seus desafios eram tão grandes quanto suas habilidades, e ficou tão compenetrado na função, na execução de sua atividade que o tempo deixou de existir, que fome, sede, sono ou cansaço passaram despercebidos?

—Ah, sim! Raras vezes, e confesso que eu sentia mais isso quando era criança.

— Em nossa empresa chamamos esse estado de desprendimento prazeroso e quase inconsciente em função do trabalho de *flow* — fluxo em português. Percebemos que o grande resultado, a excelência, é o pico máximo de suas habilidades e desafios. Percebemos que aqueles que vivem em *flow* são extraordinários e excelentes. A nosso ver, essa definição de excelência é o segundo ingrediente da motivação.

Cláudio seguiu o exemplo do mentor e molhou a própria nuca. O calor estava além do normal, e a água refrescava o aprendiz, que perguntou:

— Mas como posso incluir esse fluxo na busca de algo que seja mais profundo e duradouro?

—A excelência começa com as perguntas corretas. E você acabou de fazer uma delas. Existem três regras sobre a excelência. Primeiro, ela é um estado mental. Trata-se do paradigma de que o resultado é tão importante no processo quanto a aprendizagem. É a compreensão da existência de fatores que você pode impactar e outros, não. Por exemplo: você pode ficar mais forte, fazer musculação e causar impacto em seu corpo, mas não consegue aumentar seu tamanho, sua altura.

— Desempenho e aprendizagem estão na mesma balança. É preciso ter essa percepção constantemente, certo?!

— Sim, e isso nos leva à segunda lei. A excelência é dolorosa. Atribuo à dor, à paixão intensa e à perseverança por metas de longo prazo, como o esforço de um atleta em sua preparação. É trabalhar em algo com esmero e afinco mesmo sabendo que seu resultado final esteja distante. Anders Ericson, psicólogo, disse: "muitas características que no passado eram tidas como reflexos de talentos inatos são, na verdade, resultado de uma prática intensa de, no mínimo, 10 anos". Em qualquer esfera, excelência requer esforço e por isso dói, é difícil e exaustivo. Lembre-se, Cláudio, que a determinação pode ser tão essencial quanto o talento para as grandes realizações. Em suma, você precisa fazer as coisas que você gosta de fazer nos dias que não está a fim de fazê-las. Por vezes isso dói.

Pensativo, o jovem agachou e pegou um graveto e começou a

riscar o chão de terra vermelha. Escreveu as palavras autonomia e excelência. Tudo parecia ganhar outro significado para ele. Dionízio interrompeu sua ponderação:

— Por último, a excelência é assíntota. Empreste-me esse graveto.

O orientador começou a riscar no chão até formar esse desenho:

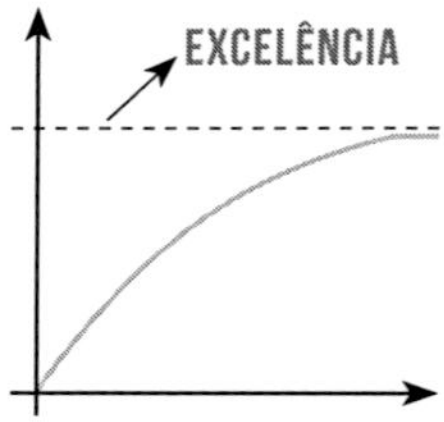

— Você se lembra disso em álgebra?

— Como podia esquecer? A linha curva ascendente jamais toca a linha pontilhada.

— A excelência é como essa assíntota, você chega perto, mas nunca a alcança e isso é uma fonte de frustração para muitos. Nas palavras de Robert B. Reich: "procure você mesmo aquilo em que quer ser realmente bom, saiba que jamais se satisfará com o que conquistar e aceite que é assim mesmo". Por que então buscar algo que jamais poderemos alcançar?

— Não sei, mas creio que por isso muitos se acostumam e ficam na zona de conforto, inertes e frustrados...

— Ainda que seja possível chegar muito, mas muito perto dela, jamais a tocamos, e é exatamente por isso que também é uma fonte de fascínio. Por que não buscá-la? O que descobriremos nesse processo? A alegria muitas vezes está mais na busca do que na realização. Ela nos seduz e nos move adiante.

Adentraram no veículo, partiram para o próximo arco. Cláudio ficou em silêncio por um tempo e, por dentro, tentava descobrir qual era a terceira placa antes mesmo que a visse. Qual seria o último item? Olhos atentos, poeira para trás e finalmente avistou: **Propósito**. Por fim, exclamou:

— Então está completa a tríade da motivação: **Autonomia**, **Excelência** e **Propósito**. Vejo uma mudança nas pessoas da empresa e percebi que isso ocorreu depois que a liderança foi alterada. Consigo ver esses três atributos da motivação nos funcionários. Como se chama essa fazenda?

— Advinha?!

— Fazenda Motivação?!

— Isso mesmo. Quando compramos essas terras tínhamos em mente a ideia de construir um condomínio, mas como você vê temos plantações de vários tipos. Você ainda não sabe, mas vez por outra nossos funcionários vêm para cá no fim de semana para ajudar na plantação ou colheita.

— E eles topam numa boa? Não reclamam tanto quanto eu?!

— Lembro-me que você reclamou e questionou o propósito de estar cavando. Eis o ponto: nossos funcionários adoram vir aqui fazer esse trabalho porque é voluntário, e toda a produção é doada para instituições beneficentes. O propósito ajuda muito a motivar aqueles que vêm fazer um trabalho que não está acostumado. Nossas pesquisas com os colaboradores revelam que após trabalharem aqui se sentem revigorados e mais felizes, pois ajuda cada um deles a fazer uma pausa das atribuições diárias, o que favorece os novos *insights* e a união.

— É um pouco estranho, pois deveriam se sentir mais cansados e consequentemente mais abatidos no trabalho de segunda-feira.

— Tudo isso ocorre por causa do propósito. Quando temos em mente que a vida excelente de verdade é aquela em que sentimos parte de algo maior e mais permanente do que nós mesmos, queremos continuar...

— Daí entramos em *flow*!

— Isso. Nosso novo CEO pensa diferente e tem mudado a companhia desde que assumiu a antiga liderança que gerou escândalos.

— Mas por que ele é tão diferente como gestor?

— Por causa dos mentores que teve. Todos nós, de Francisco Keller, seu primeiro mentor, até chegar a mim, seu penúltimo mentor, fazemos parte de um grupo denominado "Arcanjos". Uma união entre amigos com o objetivo de criar experiências educacionais singulares para despertar o potencial daqueles com quem estivéssemos.

— Nome sugestivo. Vocês se acham anjos? — inquiriu o jovem

confiante.

— Cremos que pessoas são como anjos de uma asa só. Para voar, precisam do outro. Quando nos unimos decolamos. Quando deixamos de pensar "eu" e passamos a pensar "nós" grandes acontecimentos surgem. A partir de agora, você passará a voar conosco, mas para tal terá de conhecer seu último mentor.

— Mal posso esperar! A propósito, o que você queria dizer quando deixou esse cubo mágico em minha porta hoje pela manhã?

— Por que você pegou e começou a montar?

— Eu estava no ônibus aparentemente sem fazer nada e, para aliviar o estresse da lotação, comecei a solucionar.

— E o que ganhou com isso?

— De certa forma nada, por algum motivo senti alegria na tarefa.

Dionízio tomou o cubo mágico das mãos de Cláudio e em fração de segundos montou de tal forma que a parte branca com letras pretas ficou evidente e com a descrição: "Líderes não põem motivação em ninguém, eles a destampam". A frase penetrara na mente e no coração do jovem ao mesmo tempo em que pensava como poderia aprender a ser um bom líder e o significado de pertencer ao grupo de mentores. Isso tomou conta de sua alma e causou-lhe profundo silêncio, que o mentor entendera e respeitara.

Ao sair do carro, Dionízio disse ao jovem:

—As motivações das pessoas são decifráveis e dão trabalho, assim como ao desdobrar o enigma do cubo. Você pode demorar no início, mas com autonomia, excelência e propósito conseguirá ajudar outras pessoas, uma a uma, do seu modo. Por falar nisso, amanhã receberá um grande desafio.

— Outra pergunta no elevador?

— Pegue sua mochila e dê o fora daqui! Prestes a se formar e você não tem coragem de arriscar. Voltemos à questão do elevador: quanto pesa o tijolo?

— 2 quilos.

— Poderia ter ganhado cem reais! Você está certo!

Sorriu o mentor e partiu deixando o recém-efetivado aprendiz. Faltavam poucos meses para se formar e não imaginara que poderia passar por tantas experiências significativas em curto período de tempo. Ele percebera que o divisor de águas era a participação dos mentores em sua vida. A natureza de seus desafios não havia diminuído nem tinha sido aliviada. O que acontecera era uma transformação na forma de pensar, construindo um novo paradigma para tudo.

— Mas não é isso que um mentor faz? — indagou a si mesmo em voz alta.

Restava agora descobrir qual seria seu último desafio e qual era seu mentor.

CAPÍTULO 10

O MENTOR DA LIDERANÇA

EU NÃO, MAS NÓS

Qual seria a natureza de seu novo desafio? Cláudio até sonhara sobre o assunto. No sonho, ele se via numa corrida de cem metros rasos com barreiras. Havia competidores ao seu redor, muito intimidadores. Cláudio ajeitou-se em posição de largada até ouvir o tiro de inicio. Alegria, satisfação e realização eram as sensações que tinha ao correr. Parecia que estava correndo sozinho. Ao vislumbrar a linha de chegada, foi tomado por um frio congelante no estômago quando estava prestes a alcançar seu objetivo. Transpiração, ofegância e tensão. Despertara do sonho que mais parecia realidade. Seria isso uma premonição do dia seguinte? Depois disso, insônia.

Chegou ao trabalho, abriu a caixa de e-mail e seus olhos logo correram para um remetente atípico. Era uma mensagem do CEO direto para ele descrita da seguinte maneira:

Bom dia, Cláudio!
Precisarei de sua ajuda hoje na contratação.
Pegue o elevador e venha até o último andar na sala de RP.
Atenciosamente,
CEO

Cláudio achou engraçado o chefão escrever e trocar o departamento de Recursos Humanos (RH) por RP. Ele respirou aliviado com o pensamento:

— *Ele também erra.*

Ele pegou o elevador conforme instruções. Nosso aprendiz foi recebido com um aperto de mão firme e um meio abraço afetuoso.

Ele não parecia acreditar que estava com o chefão. Foi convidado a entrar em uma sala especial, escura e com adaptação acústica. Parecia muito misterioso. À frente, havia uma janela de vidro que permitia a visualização completa de outra sala. Nela havia duas mesas redondas, uma do lado esquerdo e a outra à direita, com cinco cadeiras ao redor de cada uma, além de uma fonte de água corrente ao fundo e uma TV de 50 polegadas. O CEO então explicou:

— Cláudio, hoje você vai me ajudar a encontrar pessoas com perfil para liderar.

— E como fazemos isso?

— Observando-os em ação.

Em seguida, entraram dez candidatos acompanhados de um funcionário do departamento de RP que logo deu as instruções aos interessados na promoção. Tratava-se de uma oportunidade de ascensão na carreira para todos os funcionários de filiais diferentes e que desejavam a mesma vaga.

A instrutora delineou a atividade enquanto entregava a cada grupo uma folha de flipchart:

— Eis a tarefa. Vocês deverão fazer o maior número possível de barquinhos de papel. Os barquinhos devem cumprir seu propósito: flutuar na água. Não importa o tamanho nem o modelo, precisamos de muitos, o maior número possível. Porém, para cada pedaço de papel desperdiçado tiraremos um barquinho. Vence a equipe que fizer mais barquinhos. Tempo total da atividade será de cinco minutos. Todos a postos? Valendo!

Foram cinco minutos intensos e de muito aprendizado. Havia uma câmera gravando som e áudio. O CEO fixamente olhando sem dizer nada. Cláudio seguiu seu exemplo e nada disse. Por fim, um dos times naturalmente fez mais barquinhos e foi vencedor. O time vibrou e esperou que a vitória significasse algo, mas na verdade era somente uma experiência para vê-los em execução.

Logo a funcionária do RP chegou e disse:

— CEO, você viu o que eu vi?

— Perfeitamente. Pode contratá-la.

Cláudio sentia que estavam falando em um código secreto que ainda não compreendia. Até que o CEO o convidou para ir à sala onde fora realizada a atividade para compartilhar alguns novos conceitos com o jovem:

— Você não percebeu?

— Do que está falando?

— Da liderança da participante Silvia.

— Sinceramente não. Tenho dificuldade para entender sobre liderança.

— Não se preocupe. Costumo dizer que a liderança é como a beleza, difícil de descrever, mas sabemos quando estamos diante dela. Que tal irmos por partes revendo todo o vídeo, minuto a minuto?

— Seria muita generosidade. Vou pegar meu bloco de anotações.

— Não se preocupe com isso agora. Apenas observe.

O CEO então apertou o play na TV. E o primeiro minuto dos cinco começou. Num primeiro instante caos, muitas pessoas falando ao mesmo tempo, cada um do seu jeito se empenhando em transmitir sua ideia e a persuadir os colegas. Parecia ser uma guerra para quem tinha a ideia melhor. Todos os nove participantes usando a mesma técnica, exceto por Silvia que observou sua equipe, fez silêncio absoluto durante os primeiros 60 segundos. Com os braços cruzados e olhos atentos, ela calmamente caminhava ao redor da mesa em que estava inserida observando as opiniões dos colegas. Então o CEO deu *pause* quando alcançaram os 60 segundos cravados. Olhou para Cláudio e esperou uma reação dele que logo se entregou:

— Não faz sentido! Vocês escolheram essa mulher e em minha opinião ela nada fez até agora. Ela parece sem atitude, ficou na defensiva.

— É apenas uma impressão. Observe agora.

Deu-se início ao segundo minuto. Silvia interrompe seus colegas e pede dez segundos da atenção. A equipe se aquietou imediatamente visto que ela nada dissera até o presente momento. Ela falou:

— Tive a oportunidade de ouvir todas as ideias claramente e ponderei sobre como alinhar todas elas. Vai levar dez segundos apenas.

Todos ficaram em silêncio. Parecia que enquanto todos estavam preocupados em falar de árvores ela se retirou para longe e procurou ver a floresta. Todos acreditaram em seu projeto e imediatamente se propuseram a executá-lo. Cláudio inquietou-se:

— Impressionante! Eu assisti ao que ela fez, mas como descrever em poucas palavras o que aconteceu? Tipo... o que ela imaginou primeiramente? Teria ela planejado? Certamente que não, pois o teste foi na hora sem aviso prévio.

Então o CEO começou a dar a instrução sobre liderança:

— O primeiro papel do líder é *inspirar confiança*. E você lembra a definição de confiança?

— Caráter + Competência.

— Ela ganhou o time com humildade por ouvir primeiro, compreender a equipe e depois se manifestar. Isso fez com que a equipe confiasse nela. Sem confiança, sem liderança.

De volta ao vídeo. Ambas as equipes começaram a produzir os barquinhos rapidamente. Entre o segundo e terceiro minuto Silvia dá um leve tapa na mesa e reitera:

— Nosso propósito é fazer barquinhos que naveguem. Algumas dobras estão fracas e poderemos perdê-los. Vamos rápido, mas sem abrir mão da qualidade!

Cláudio nem piscava, parecia existir somente a Silvia no vídeo. Seu mentor interrompe:

— O que viu agora?

— Ela foi firme! Colocou o trabalho no plumo.

— Ela *esclareceu o propósito*. Vez por outra nos perdemos na atividade, ficamos preocupados com o resultado final, exatamente como a equipe dela fez. Nem perceberam que estavam se dirigindo ao fracasso! Ela, por outro lado, não perdeu o foco do propósito. Afinal, ainda que fabricasse menos, não queria abrir mão de sua maneira correta de produzir.

Entre o terceiro e quarto minuto, enquanto todos faziam a mesma coisa, ela observara que alguns faziam dobras mais rápidas, outro cortava mais rápido e outro era mais detalhista. Decidiu interromper e em cinco segundos inferiu:

— Vamos *alinhar nosso trabalho*. Cada um de nós consegue fazer mais rápido do que outros uma parte. Separemos e criamos uma linha de montagem.

Os barquinhos fluíam. Corretos e rápidos. Por fim, no último minuto, ela se divertia com seus colegas, esboçando sorrisos e confirmando a cada um seu talento.

— Quem diria que cada um de nós tem um talento escondido para fabricar barquinhos de papel?!

A equipe esboçou um sorriso e em poucos segundos foram interrompidos pela instrutora. Silvia ainda declarou:

— Foi um prazer trabalhar com vocês, eu me diverti bastante!

CEO então comenta olhando fixamente para Cláudio e desligando a TV:

— Por fim ela *liberou o talento* que cada um tinha dentro de uma tarefa relativamente simples e sem importância. Além disso, ela me fez lembrar as palavras de Jack Welch: *"have fun!"*.

— Divertir-se.

— Não adianta se matar de trabalhar, liderar, produzir se você não estiver se divertindo, contribuindo e marcando a vida de alguém. Do contrário seremos miseráveis! Apenas trabalharemos para ganhar dinheiro, em vez de devolver com satisfação um trabalho à sociedade que também nos presta muitos serviço.

— Eu sonhei essa noite que estava em uma corrida em que sentia maior alegria ao ultrapassar os obstáculos do que na linha de chegada. Quando estava prestes a vencer, despertei do sono.

— Você foi comtemplado com um belo sonho. Você despertou, muitos passam a vida sem despertar...

Cláudio levantou-se e olhou as letras R e P nas mesas. Questionou seu líder:

— A princípio, em seu e-mail, achei que tinha errado, confundido RH com RP, mas vejo que não. O que significa?

— Você aprendeu os papéis de um líder, agora vai entender basicamente as duas áreas fundamentais em que o líder exerce influência e que nos permite determinar seu perfil. A letra *R* significa resultado. A letra *P* significa pessoas.

O CEO pegou um barquinho seco, abriu-o até se tornar uma pequena folha amassada. Tirou a caneta do bolso e desenhou o gráfico abaixo e logo deu a instrução:

— Líderes vivem trabalhando esses dois vieses. Precisam lidar com pessoas e garantir resultados. Ninguém segue alguém que não consiga se relacionar e que não alcance resultados. Trata-se de conseguir equilibrar muito bem as dicotomias: afago e palmada, justiça e misericórdia, subjetivo e objetivo, controle e liberdade.

— Mas pode haver estilos de liderança. Alguns pendem mais para o resultado e outros mais para as pessoas, certo?!

— Correto. Líderes que pendem mais para o resultado são excelentes para um cenário de crise. Onde medidas drásticas precisam ser tomadas para que a organização seja mantida. Por outro lado, esse estilo não se sustenta em longo prazo, a menos que o líder aprimore sua habilidade e seu interesse por pessoas.

— E os líderes voltados para pessoas?

— Suponha que em uma agência de banco o clima esteja péssimo, cheio desconfiança, fofocas, assédio moral e desavenças entre a equipe. Essa agência vai bem, traz resultados, mas em longo prazo terá problemas. Líderes que pendem para pessoas são excelentes reconstrutores de clima organizacional.

— Creio que Silvia impressionou o senhor porque ela parece exibir as duas habilidades, não é?

— Exato. Estamos precisando de líderes que equilibrem bem esses dois estilos. É o ideal. Você começa sua trajetória agora e receberá uma nova missão. Contamos que você se desenvolverá em poucos meses. E não esqueça! Somos todos anjos de uma asa só e voamos quando abraçamos uns aos outros. Vá até sua mesa e conferirá uma nova mensagem em sua caixa de e-mail.

Cláudio agradeceu e se despediu. Foram poucos minutos de treinamento. Um conteúdo denso, profundo e cirurgicamente apresentado ao jovem líder.

Desceu pelas escadas, refletindo e sentindo o peso de cada passo degrau abaixo. Ficou claro para ele que se tornar um bom líder envolve dedicação, tempo e muita humildade.

Entrou na sala e abriu seu e-mail que descrevia:

Bem-vindo ao time!
Saia agora e seja a outra asa para alguém.
Pegue a chave e vá ao endereço do chaveiro nele inserido.
Você falará com Inácio. Ele está esperando você.
Atenciosamente,
Arcanjos

Era sexta-feira, Cláudio pegou o ônibus e foi ao seu destino conforme instrução. Chegou a uma vila de pequenos quitinetes perto de uma universidade. Olhou para a porta e encontrou o número. Bateu, mas ninguém atendeu. Pensou que talvez fosse incorreto entrar sem permissão, mas ele tinha a chave. Seria mais uma pegadinha desse grupo de mentores? Suspirou e entrou.

Era um lugar semelhante ao quitinete em que tinha vivido nos últimos tempos. Viu um porta-retratos com um jovem e uma mulher que parecia sua mãe. Julgou ser Inácio.

Cláudio sentou-se e subitamente foi tomado por um ardor no peito de gratidão e alegria. Ele havia sido contemplado com o apoio de muitas pessoas queridas que o tinham acompanhado e extraído dele o melhor. Agradecera pelos seus mentores. Lágrimas surgiram. Levantou-se e pôs-se a caminhar pela vizinhança para perguntar sobre o jovem residente.

Descobriu muitas coisas peculiares sobre Inácio, inclusive que sua mãe lhe dera esse nome porque significa "início" ou "começo".

Bem, aparentemente, seria o começo para Cláudio também, mas como líder, como mentor, como um facilitador e replicador do bem que recebera.

Inácio também teria um novo começo, mas essa é outra história.

FIM

O tipo usado nos títulos foi Bebas Neue e no texto
foi Fairfield LT Std.
O papel do miolo é Pólen 80 g
e o da capa é Papel Cartão 250 g

Impresso em novembro de 2015.